本間史 著

真剣に学び続ける人の
中国語教本
入門編

はじめに

　日本と中国は海を隔ててはいますが、お隣どうしの国ですから、両国間には長い交流の歴史があります。古代から発達した文明を有する中国から、日本はいろいろな文化を輸入してきました。日本語のなかにも中国語から影響を受けたものが数多くあります。例えば、日本語の「椅子」ということばが外来語だと認識している日本人はほとんどいないかもしれませんが、椅子はメイド・イン・チャイナの単語で、その昔中国から入ってきたのです。このように、中国から来たものでありながら、それに気付かないほど深く日本人の生活に溶け込んでいるものがたくさんあります。日本語と中国語はまったく異なる系統の言語ですが、本書で中国語を学ぼうとする方は、学習が進むうちに両言語の密接な関係に気付き、ますます中国語に興味がわいてくることでしょう。

　日中両国の間には不幸な歴史もありましたが、1980年代から始まった「改革開放政策」により中国経済が発展した結果、両国間の交流は史上かつてないほど盛んになっています。紆余曲折があるとしても、今後も両国の関係は発展していくはずです。日本人が好むと好まざるとにかかわらず、これからも付き合っていかなければならない国、それが中国です。外国人どうしがよりよく付き合うには、まず相手を知らなければなりません。中国人をよく知るには、彼らが思考の道具としている中国語を学ぶことが非常に役に立ちます。

　本書は中国語を「真剣に学び続ける人」のための入門書です。読者に「中国語をモノにする」という結果を出してもらうことを念頭に、本書を作りました。例文を暗唱できるまで何度も音読し、本書を最後まで学び終えれば、次のステップへのパスポートを取得したことになります。現在、本書の続編である『初級編』を執筆中です。ひとりでも多くの方が次の学習段階に進まれるよう願っています。

2009年 春
本間 史

目次

はじめに		3
本書の効果的な使い方		8
付属CDの取り扱い上の注意		11

☐	Unit 1	中国語とは	12
☐	Unit 2	簡体字	14
☐	Unit 3	ピンインと音節	16
☐	Unit 4	声調	18
☐	Unit 5	単母音韻母（a o e i u ü）	20
☐	Unit 6	複合母音韻母（ai ei ao ouなど）	22
☐	Unit 7	鼻韻母（-n -ng）	24
☐	Unit 8	声母（無気音と有気音）	26
☐	Unit 9	声母の発音練習1	28
☐	Unit 10	声母の発音練習2	30
☐	Unit 11	巻舌音の発音のポイント	32
☐	Unit 12	三つの"i"と巻舌母音"er"	34
☐	Unit 13	人称代名詞	36
☐	Unit 14	日常のあいさつ	38
☐	Unit 15	動詞述語文	40
☐	Unit 16	否定を表す"不"	42
☐	Unit 17	目的語の位置	44
☐	Unit 18	説明や判断を示す"是"	46
☐	Unit 19	"是"の否定	48
☐	Unit 20	"吗"を用いる疑問文	50
☐	Unit 21	形容詞述語文	52
☐	Unit 22	形容詞の否定	54
☐	Unit 23	限定語	56

Unit 24	数の言い方	58
Unit 25	物の数え方	60
Unit 26	指示代名詞	62
Unit 27	所有を表す"有"	64
Unit 28	"有"の否定	66
Unit 29	年月日の言い方	68
Unit 30	曜日の言い方	70
Unit 31	状況語	72
Unit 32	"也"と"都"	74
Unit 33	時刻の言い方	76
Unit 34	介詞	78
Unit 35	よく使われる介詞:"从""离"	80
Unit 36	よく使われる介詞:"対""为(了)"	82
Unit 37	場所を表す代名詞	84
Unit 38	方位詞	86
Unit 39	存在を表す"有"	88
Unit 40	存在を表す"在"	90
Unit 41	存在を表す"有"と"在"の違い	92
Unit 42	"吧"を用いる疑問文	94
Unit 43	"呢"を用いる疑問文	96
Unit 44	反復疑問文	98
Unit 45	疑問詞を用いる疑問文	100
Unit 46	疑問詞"几"と"多少"	102
Unit 47	金額の言い方	104
Unit 48	選択疑問文	106
Unit 49	助動詞:"能"	108
Unit 50	助動詞:"会"	110

目次

☑	Unit 51	動詞の重ね型と"一下"	112
☑	Unit 52	助動詞:"可以"	114
☑	Unit 53	助動詞:"要"	116
☑	Unit 54	助動詞:"应该"	118
☑	Unit 55	動作の状態	120
☑	Unit 56	動作の近い未来における発生	122
☑	Unit 57	動作の進行	124
☑	Unit 58	動作の持続	126
☑	Unit 59	動作の完了(動態助詞の"了")	128
☑	Unit 60	完了の否定	130
☑	Unit 61	事柄の実現と状態の変化(語気助詞の"了")	132
☑	Unit 62	語気助詞"了"の有無による違い	134
☑	Unit 63	常用の語気助詞	136
☑	Unit 64	時間と関係のある常用の副詞	138
☑	Unit 65	動作の経験	140
☑	Unit 66	「動詞+"过"」の否定	142
☑	Unit 67	禁止の表し方	144
☑	Unit 68	補語	146
☑	Unit 69	程度補語	148
☑	Unit 70	結果補語	150
☑	Unit 71	方向補語	152
☑	Unit 72	方向補語と目的語の位置	154
☑	Unit 73	複合方向補語	156
☑	Unit 74	複合方向補語と目的語の位置	158
☑	Unit 75	複合方向補語の派生的用法	160
☑	Unit 76	可能補語	162
☑	Unit 77	動量補語	164

Unit 78	時量補語	166
Unit 79	離合詞	168
Unit 80	比較の表し方	170
Unit 81	"比"を用いる比較文	172
Unit 82	倍数	174
Unit 83	"有"を用いる比較文	176
Unit 84	"跟……一样"を用いる比較文	178
Unit 85	"一点儿"と"有点儿"	180
Unit 86	処置文("把"構文)	182
Unit 87	"把"構文で使われる動詞と目的語の性質	184
Unit 88	"把"構文を必ず使う場合	186
Unit 89	受身文	188
Unit 90	"被"と"让""叫"の使い分け	190
Unit 91	連動文	192
Unit 92	前の動詞が"有"である連動文	194
Unit 93	兼語文	196
Unit 94	存現文	198
Unit 95	"是……的"の構文	200
Unit 96	"连……也(都)"の強調表現	202
Unit 97	常用の複文1	204
Unit 98	常用の複文2	206
Unit 99〜126	復習	208

補充単語		210
中国語のさまざまな記号の使い方		216
新出単語索引		218
中国語音節表(裏表紙の裏側にあります)		

本書の効果的な使い方

　本書は、中国語を本気でマスターしたいと考える入門者が、継続して真剣に学習に取り組むことによって、中国語の基礎をしっかりと身につけられるように工夫してあります。本書には以下のような特徴があります。

1. **反復学習**　復習を毎日の学習に組み込むことによって、学んだことを忘れないようにしっかりと記憶できるので、努力が無駄になりません。

2. **音読・暗唱練習**　徹底した音読・暗唱練習を通じて話す力がつき、会話力を高めることができます。

3. **継続学習**　仕事や家事の合間の「すきま時間」を利用して少しずつ無理なく学習を続けられるように、学習単位（ユニット／Unit）と課題（タスク／Task）を細かく区切ってあります。

4. **簡潔な解説**　各ユニットの解説はできるだけやさしく、短くしてあるので無理に知識を詰め込む必要がなく、学習者の負担を軽減します。

5. **効率的な単語学習**　厳選した例文の中に、多くの単語をできるだけ重複しないように配置しているので、毎日の学習を通じて効率よく単語を覚えることができます。各ユニットの新出単語と巻末の補充単語を合わせて約1100語を収録しています。

6. **検定試験対策**　本書は検定試験対策を主目的とした学習書ではありませんが、基本的な文法事項や単語を収めているので、しっかりと学習すれば中国語検定4級合格レベル程度の力をつけることができるでしょう。

本書の構成と学習方法

　本書は学習内容をユニット（Unit）で分けており、Unit 1から順番に学習を進めていくようになっています。各ユニットはいくつかのタスク（Task）で構成されていて、Task 1から順番に課題に取り組むようになっています。まとまった時間を取れるときは一気に1ユニットの全タスクを仕上げてもいいですし、忙しいときには「すきま時間」を利用して一つずつタスクをこなし、1日かけて1ユニットの学習をすべて終えるというやり方も可能です。

■ ユニット

1ユニットの学習時間の目安は、学習内容や個人差によって異なりますが、およそ30〜60分程度です。全部で126ユニットありますので、1日1ユニット学習すると、約4カ月で本書の全ユニットを終えることができます。時間に余裕のある人は1日に2ユニットずつこなして約2カ月で終えることも可能ですし、余裕がない場合は2日で1ユニットをこなしてもかまいません。できるだけペースを守って学習を続けてください。なお、Unit 99〜126は復習のみを行うユニットになっています。

■ タスク

各ユニットの学習は、提示されているタスクに従って番号順に進めてください。基本的には「復習→学習内容を読む→練習」という順番になります。タスクには以下のようなものがあります。

Task: 復習

タスクは復習から始めます。各ユニットの右側のページのいちばん上に復習すべき既習ユニットとタスクの番号が出ていますので、該当ユニットを見て復習を行ってください。ユニットが進むにつれて復習すべきタスクが増え、最終的に三つの復習タスク(前回ユニット、7ユニット前、28ユニット前)を行うことになります。

Task: ユニットの内容をよく読む

復習の後は、各ユニットの学習内容をよく読んでください。Unit 13以降は、新出単語や中国語例文の和訳がページの下にありますので、あわせて確認してください。中国語例文に付いている番号と和訳に付いている番号は対応しています。なお、本文中の×マークが付いている例文は、それが文法的に誤りであることを示しています。

Task: 発音練習

Unit 4〜12と、Unit 13以降の一部のユニット内には発音練習のタスクがあります。CDの音声をよく聞き、CDの模範朗読をまねて正確に何度も発音しましょう。CDマークの数字はそのユニットの音声が入っている付属CDのトラック番号を示しています。身近に中国語の発音を直してくれる先生がいない場合には、自分の発音を録音して模範朗読と聞き比べ、正しく発音できるように練習してください。

Task: CDの音声をよく聞く(10回)

例文の中国語とピンイン(中国語の発音表記)を見ながら、最低10回は集中してCDを聞きましょう。時間に余裕があれば、CDの音声だけを何度も聞いて中国語の音に慣れるようにしましょう。

本書の効果的な使い方

▰▰ Task: CDの音声を聞いて中国語の例文を発音する（10回）

CDの音声を聞き、その後に続いて中国語の例文を発音してください。CDの模範朗読をまねて、最低10回は発音するようにしてください。音声の後のポーズが短い場合には、CDを一時停止するなどしてください。

▰▰ Task: CDの音声を聞かずに中国語の例文を音読する（10回）

例文の中国語とピンインを見ながら、最低10回中国語を音読してください。スムーズに音読できるまで練習してください。

▰▰ Task: 中国語とピンインをノートに書く（10回）

Unit 13以降には、左側ページの下に新出単語が出ています。新出単語の意味を確認しながら、中国語の漢字とピンインをノートなどに最低10回書いてください。正確に書き取るようにしてください。

※語注の中の（　）は補足説明を、〈　〉はその単語の品詞や分類を示します。意味や用法が複数ある場合は「；」で区切っています。

▰▰ Task: 日本語を見て中国語を暗唱する（10回）

Unit 13以降には、右側ページの下に例文の和訳が出ています。この和訳だけを見て、中国語を暗唱してください。思い出せない場合は例文の中国語を見てもかまいませんが、中国語を見ずに10回暗唱できるようになるまで練習しましょう。和訳に（　）が付いているものは、その中の指示に従って暗唱してください。例えば「2種」とあるものは、2種類の中国語を暗唱します。なお、この暗唱練習は発音練習とともに復習用のタスクにもなっています。

■ 補充単語

全ユニットを終えたら（あるいは、Unit 99〜126の学習と並行して）、巻末の補充単語に取り組みましょう。約300語ありますので、1日10語学習すると約1カ月で終えることができます。検定試験受験を考えている人はぜひ覚えておきましょう。新出単語に含まれない語句で、入門・初級段階で身につけておくべきものと、発音練習に出てくるもの（一部除く）を集めました。

■ 学習日の記入欄

Unit 1〜98の右側ページの上には、学習日を記録する欄とメモ欄があります。全タスクを完了した日を記録して、学習履歴の管理に役立ててください。本書を学び直す場合にも記録できるように、記入欄を四つ設けてあります。

| 本書の効果的な使い方

■ チェックボックス
本書にはたくさんのチェックボックスがありますので活用してください。学習日の記入欄に合わせて四つに分かれていますが、使い方は自由です。

■ 付録
付録として「中国語のさまざまな記号の使い方」と「中国語音節表」が入っていますので参照してください。

■ 新出単語索引
本書の新出単語を巻末にまとめてありますので活用してください。

付属CDの取り扱い上の注意

- ディスクの信号面（文字の書かれていない面）を、指で触れないようにご注意ください。触れた場合には、柔らかい布でディスクをふいてください。
- CDは、高温多湿、直射日光の当たる場所を避けて、保管してください。
- ディスクの両面共に、ペンで書いたり、シールを張ったりしないでください。
- 変形・破損したディスクは使用しないでください。プレーヤーの故障の原因になります。
- 弊社制作の音声CDは、CDプレーヤーでの再生を保証する規格品です。
- パソコンでご使用になる場合、CD-ROMドライブとの相性により、ディスクを再生できない場合がございます。ご了承ください。
- パソコンでタイトル・トラック情報を表示させたい場合は、iTunesをご利用ください。iTunesでは、弊社がCDのタイトル・トラック情報を登録しているGracenote社のCDDB（データベース）からインターネットを介してトラック情報を取得することができます。
- CDとして正常に音声が再生できるディスクからパソコンやmp3プレーヤー等への取り込み時にトラブルが生じた際は、まず、そのアプリケーション（ソフト）、プレーヤーの製作元へご相談ください。

それでは、中国語の学習を始めましょう！

Unit 1
中国語とは

■■ Task：1 ｜ このユニットの内容をよく読む

　わたしたちはふだん、「中国人が話すことば」という意味で「中国語」と言っています。しかし、中国は56種の民族からなる多民族国家であり、ウイグル族どうしはウイグル語を話し、チベット族の間ではチベット語が使われているのです。中国にはいくつかの民族言語がありますが、国家の共通言語とされているのは、漢族の言語である「漢語」です。中国の人口は13億を上回りますが、その90パーセント以上を占めているのが漢族ですから、彼らの言語である漢語が中国の共通の言語として使用されているのです。

　人口の90パーセント以上を占める漢族は、中国全土の東西南北にあまねく住んでいます。日本の約26倍の国土面積を有し、ヨーロッパがすっぽり入ってしまうほどの広大な中国ですから、同じ漢族であっても北に暮らす人々と南に住む人々ではその風俗や生活習慣は大きく異なります。言語は社会の習慣そのものですから、北方の漢族が使うことばと南方の漢族が使うことばはかなり違っていて、まるで外国語どうしのように互いに通じません。しかし、その違いはノルウェー語とイタリア語のような外国語としての違いではなく、漢語という一つの言語系統の中における相違であり、同じ言語の中にある方言の違いなのです。

　同じ漢語を話してもまったく通じないのではコミュニケーションの道具としての役割を果たしません。そこで全国あまねく通じる共通語として定められたのが「普通話（プートンホワ）」です。

　普通話の基準は次の三点です。
1．北京の人の発音を標準音とする。
2．北方のことば（北方話）を基礎方言とする。
3．模範的な現代口語体の著作を文法の規範とする。

　北京で生まれ育った人の発音を標準としますが、普通話では北京だけに特有の発音は排除されています。漢語の方言はほぼ長江を境として「北方話」と「南方話」に大別することができますが、漢族の70パーセント以上は北方話の方言地域に暮らしているので、基礎方言を北方話と定めたのです。これは主に語彙についての規定です。そして、口語体（話しことば）で文を書くこと、すなわち言文一致を提唱しているのです。

　本書で学ぶ普通話は、台湾では「国語」、東南アジアの華人、華僑の間では「華語」と呼ばれていますが、その実体は、普通話とほぼ同じものです。このことばをマスターすれば、世界中に暮らす中国系の人々とのコミュニケーションが可能です。

このユニットの学習日 （全タスクを完了した日）	□ 1回目 　　年　月　日 MEMO	□ 2回目 　　年　月　日 MEMO	□ 3回目 　　年　月　日 MEMO	□ 4回目 　　年　月　日 MEMO

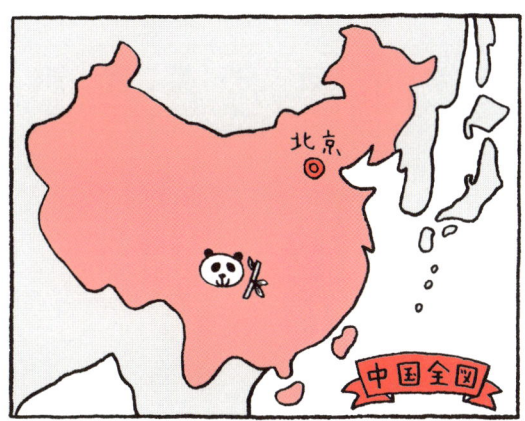

Unit 2
簡体字

Task:2 | このユニットの内容をよく読む

漢族の言語である漢語を表記するのに用いられる文字が「漢字」です。現在、中国大陸では簡略化された「簡体字」が正式な字体として使われており、例えば「漢語」は"汉语"と書きます。もとの画数の多い字体を「繁体字」と言い、台湾や中国の国外に住む華僑などの間では繁体字が使われています。

同じ漢字でも「簡体字」「繁体字」「日本で使われている漢字」で字体が異なる場合がありますので注意が必要です。

簡体字	广	气	发	艺	图	译
繁体字	廣	氣	發	藝	圖	譯
日本で使われている漢字	広	気	発	芸	図	訳

漢字簡略化の方法には次のものがあります。

1. 偏を簡略化する

話→话　紅→红　鈴→铃

2. 旁を簡略化する

陽→阳　澤→泽　礎→础

3. 一部を残し、他を省略する

業→业　開→开　電→电

4. 一部を簡略化する

奮 → 奋　　風 → 风　　難 → 难

5. 草書体を用いる

書 → 书　　專 → 专　　發 → 发

6. 同音の字で代替する

裏 → 里　　隻 → 只　　鬱 → 郁

7. 新しい字を作る

義 → 义　　蘭 → 兰　　衛 → 卫

　「同じ漢字を使っているのだから、日本と中国で同じ字体に統一したらいい」という意見がありますが、日本語と中国語では音韻体系がまったく異なるので、簡略化を統一することはなかなか難しいものがあります。例えば、「叢書」の「叢」を簡体字では"丛"と書きますが、これは「叢」の音が"从"の音と同じだからなのです。日本語の「そう」という発音とは結び付きません。このことからも日中で漢字の簡略化を統一するのは難しいことが分かります。

Unit 3
ピンインと音節

Task: 2 | このユニットの内容をよく読む

ピンイン

　普通話の発音をローマ字で書き表したものを「ピンイン」と言います。ピンインは中国語で"拼音"と表記し、「音をつなぎ合わせる」という意味です。普通話の発音を学ぶにはまずピンインを正確に読め、自分でもつづれるようになることが必要です。

　「わたし」は漢字では"我"と書き、ピンインは"wǒ"とつづります。

音節

　独立した音となる最小の単位を「音節」と言います。中国語の一つの音節は基本的に「声母」と「韻母」から構成されています。そして、一つの音節には第1声から第4声までいずれかの「声調」が付いています。

$$音節 = 声母 + 韻母 ／ 声調$$

$$mā$$
$$妈$$

　声母は音節の頭にある子音です。韻母は声母の後に続く部分で、その主な成分は母音です。"mā"という音節を例にとってみると、"m"が声母、"a"が韻母、"-"が声調を表しています。

　"mā"は「お母さん」という意味であり、文字は"妈"と書きます。中国語は基本的に1音節、1概念、1文字が対応しています。

　中国語には全部で400あまりの声母と韻母の組み合わせ（韻母だけのものもある）、すなわち音節があり、これに声調を付けた実在する音節数は1200ほどです。

　本書の裏表紙の裏に普通話の音節表が付いていますから、確認してください。

■ 中国語の辞書の選び方

　外国語を学ぶということは自分のまったく知らない世界に入ることであり、「その言語の海への船出」と例えてもいいでしょう。航海の際には船が進む方向を指し示してくれる羅針盤が必要であるのと同様に、外国語学習には辞書が欠かせません。「中国語は漢字なので意味が分かるから、中国語の辞書は買わなくていい」などと考えたら大間違いです。近代の日中関係で日本人の対中認識を誤らせた原因の一つに、日本と中国は同文同種（文字も人種も同じである）という考え方がありました。日本語と中国語はまったく違う系統の言語であり、完全に外国語どうしなのです。中国語の大海にこれから船出する皆さんにはぜひ中国語辞典を買ってほしいと思います。

　中国語の学習を始めて最初に必要となるのは中国語から日本語の意味を引く「中日辞典」です。現在数種類の「中日辞典」が出版されていますが、購入する際には新しくて比較的厚いものを選んでください。改革開放以来、中国社会が大きく様変わりし、それを反映して新しい語彙がどんどん生まれています。新しく作られたり、改定されたりした辞書には新語も収録されています。また中国語は語彙が非常に豊富な言語ですから、小型の薄い辞書では収録語彙が限られます。中型以上の厚手のものがお勧めです。

Unit 4
声調

■ Task:2 | このユニットの内容をよく読む

音の上がり、下がりの調子を声調と言います。中国語は声調によって意味を区別する言語で、普通話には4種類の声調があります。

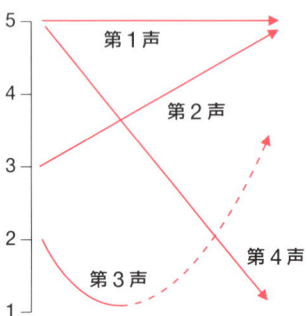

第1声	→	自分が話す声としては一番高い5から5へ、高くて平らな、ぴんと張った調子で発音します。声調符号は"－"。
第2声	↗	ふだん自分が話しているふつうの高さである3から始めて、一番高い5へ上昇させます。声調符号は"´"。
第3声	↘↗	やや低めの2あたりから始めて、一番低い1に下降させます。単独で発音する場合は、終わりの部分がやや上昇します。声調符号は"ˇ"。
第4声	↘	一番高い5から一番低い1へ急下降させます。声調符号は"`"。

声調は非常に重要であり、間違えると通じません。例えば、第3声の"mǎi"は"买"(買う)という意味ですが、これを第4声で"mài"と発音すると"卖"(売る)という意味になってしまいます。

音の高低を5段階に分けますが、誰もが皆、自分の3を持っていて、声の高い人の3は声の低い人の3より相対的に高いのです。

Task:1 | 前回ユニットの復習 Unit 3　Task:2

このユニットの学習日 （全タスクを完了した日）	□ 1回目 年　月　日 MEMO	□ 2回目 年　月　日 MEMO	□ 3回目 年　月　日 MEMO	□ 4回目 年　月　日 MEMO

Task:3 | 発音練習

中国語の発音の出発点となる声調の練習から始めましょう。ＣＤの音をまねして声を出してください。ここでは日本語の「マ」と同じ音で発音してかまいません。

第1声	第2声	第3声	第4声
mā 妈 （お母さん）	má 麻 （麻）	mǎ 马 （馬）	mà 骂 （しかる）

Task:4 | 発音練習

次の"qí"はとりあえず日本語の「チ」、"màn"は「マン」に近い音で発音しておいてください。声調符号の付いていない"ma"は後で説明する「軽声」で、声調を付けずに軽く短く発音します。では、練習しましょう。

Mā ma qí mǎ, mǎ màn, mā ma mà mǎ.
妈妈骑马，马慢，妈妈骂马。
（お母さんが馬に乗ったが、馬が遅いので、お母さんは馬をしかった。）

ピンインで文を書くときには、文頭の文字と固有名詞の頭文字は大文字にします。句読点については「中国語のさまざまな記号の使い方」(p.216)を参照してください。

Unit 5
単母音韻母（a o e i u ü）

Task:2 | このユニットの内容をよく読む

日本語の母音は「アイウエオ」の五つですが、中国語の主な母音（単母音韻母と呼ぶ）は六つです。

a	日本語の「ア」より口を大きく開けて、明るい音を出します。
o	日本語の「オ」より唇に力を入れて丸くし、前に突き出します。
e	日本語で「エ」と言うときの唇の形にしておいて「オ」を発音します。
i	日本語の「イ」を発音するときよりもっと唇を左右に引きます。
u	唇をできるだけ前に突き出し、小さい丸を作り、喉の奥から息を出して「オ」を発音します。
ü	口笛を吹くときのように唇をつぼめ緊張させ、「イ」を発音します。

六つの単母音を声調を付けて練習してみましょう。

Task:3 | 発音練習

a：ā á ǎ à

o：ō ó ǒ ò

e：ē é ě è

i：yī yí yǐ yì

u：wū wú wǔ wù

ü：yū yú yǔ yù

Task:1 | 前回ユニットの復習 Unit 4　Task: 2〜4

このユニットの学習日 (全タスクを完了した日)	☐ 1回目 　年　月　日 MEMO	☐ 2回目 　年　月　日 MEMO	☐ 3回目 　年　月　日 MEMO	☐ 4回目 　年　月　日 MEMO

"i" "u" "ü" は前に声母がないときは、"yi" "wu" "yu" とつづります。"e" と "ü" は日本語に似た音がないので初めはなかなか出すのが難しいと思います。唇の形に注意して次の単語を発音してみましょう。

Task:4 | 発音練習

è
饿（おなかがへっている）

yú
鱼（さかな）

yǔ
雨（あめ）

Unit 6
複合母音韻母（ai ei ao ou など）

■■ Task:2 | このユニットの内容をよく読む

単母音韻母を組み合わせたものが複合母音韻母です。かっこ内は前に声母がない場合のつづり方です。

前が主要母音（強く発音される母音）であるグループ

| ai ei ao ou |

後ろが主要母音であるグループ

| ia(ya) ie(ye) ua(wa) uo(wo) üe(yue) |

前に声母がなく"i""u""ü"で始まる音節は、頭を"y""w""yu"にします。

真ん中が主要母音であるグループ

| iao(yao) iou(you) uai(wai) uei(wei) |

"iou"は前に声母があるときは、"o"を取り、「声母+"iu"」とつづります。"uei"は前に声母があるときは、"e"を取り、「声母+"ui"」とつづります。
　二つあるいは三つの単母音をなめらかに1音節で発音します。

■■ Task:3 | 発音練習

▱‖ āi ēi āo ōu

▱‖ yā yē wā wō yuē

▱‖ yāo yōu wāi wēi

| ài 爱 (愛する) | yá 牙 (歯) | wǒ 我 (わたし) | yuè 月 (月) |
| yào 要 (要る) | yǒu 有 (ある) | wài 外 (そと) | |

声調符号を付ける位置

声調符号は韻母の上に付けますが、韻母が複数ある場合は次の規則に従います。

1．"a" があれば "a" の上に付けます。　　　　mǎi　xiào
2．"a" がなければ "o" か "e" の上に付けます。　lóu　xiě
3．"iu" "ui" は後の音の上に付けます。　　　　qiú　guì

なお、"i" に付けるときは、"i" の上の点を取ることにも注意してください。

Unit 7
鼻韻母(-n -ng)

■■ Task:**2** | このユニットの内容をよく読む

母音の後ろに鼻に抜ける鼻音の"n"あるいは"ng"を付けたものが鼻韻母です。中国語には、全部で16の鼻韻母があります。かっこ内は前に声母がない場合のつづり方です。

an	en	ian (yan)	in (yin)	uan (wan)
uen (wen)	üan (yuan)	ün (yun)	ang	eng
iang (yang)	ing (ying)	uang (wang)	ueng (weng)	ong　iong 　　(yong)

"uen"は声母に続くときには、"e"をとり、「声母+"un"」とつづります。
"n"と"ng"は以下のように発音します。

-n		舌の先を上の歯茎に強く付けます。
-ng		舌の奥の方を高く持ち上げ、舌の先はどこにも付けません。

日本語には"-n"と"-ng"の明確な区別がないので、この二つを聞き分けるのは相当

Task:1 前回ユニットの復習 Unit 6 Task:2、3

このユニットの学習日 （全タスクを完了した日）	□ 1回目 　年　月　日 MEMO	□ 2回目 　年　月　日 MEMO	□ 3回目 　年　月　日 MEMO	□ 4回目 　年　月　日 MEMO

難しいのですが、実際のコミュニケーションでは一つの音節が聞き分けられなくても前後の文脈で判断できますからそれほど気にする必要はありません。しかし、自分が話すとき、"-n"と"-ng"をきちんと発音し分けないと相手の中国人には正しく伝わりません。舌の位置により発音し分けることを知っている皆さんはもう大丈夫ですね。

Task:3 発音練習

ān　ēn　yān　yīn　wān

wēn　yuān　yūn　āng　ēng

yāng　yīng　wāng　wēng　ōng　yōng

ān － āng　yān － yāng　yīn － yīng　wān － wāng　wēn － wēng

　わたしたち日本人は"-n"と"-ng"を聞き分けることが最初はなかなか難しいのですが、漢字から"-n"と"-ng"を見分けることは比較的簡単にできます。実は漢字を音読みしたとき「ン」で終わればその漢字の中国語の音は"-n"であり、「イ」または「ウ」で終われば"-ng"であるという一般的な法則があるのです。例えば、「金」は「キン」ですから、"jīn"で、「鯨」は「ゲイ」ですから、"jīng"なのです。また、「万」は「マン」ですから、"wàn"で、「忘」は「ボウ」ですから、"wàng"という具合です。これは漢字文化圏に暮らす日本人だからこそ使える技なのです。

Unit 8
声母（無気音と有気音）

Task:3 | このユニットの内容をよく読む

中国語の声母は全部で21個あり、発音する口の部位により六つのグループに分けられます。

	無気音	有気音	
1. 唇音（しんおん）	b(o)	p(o)	m(o)　f(o)
2. 舌尖音（ぜっせんおん）	d(e)	t(e)	n(e)　l(e)
3. 舌根音（ぜっこんおん）	g(e)	k(e)	h(e)
4. 舌面音（ぜつめんおん）	j(i)	q(i)	x(i)
5. 巻舌音（けんぜつおん）	zh(i)	ch(i)	sh(i)　r(i)
6. 舌歯音（ぜっしおん）	z(i)	c(i)	s(i)

声母だけでは発音できないので、それぞれの声母は（　）内の母音を付けたものを代表的な音として、その声母の名称にしています。

無気音と有気音

声母の中には "b" と "p"、"d" と "t"、"g" と "k"、"j" と "q"、"zh" と "ch"、"z" と "c" の合計6組の無気音と有気音のペアがあります。「無気音」は息をゆっくりそっと出して発音し、「有気音」は息をいっぺんに強く出して発音します。その違いは息の出し方にあり、音量の差ではありません。口の前に紙をぶら下げ、発音の際に紙があまり震えなければ無気音、紙が大きく震えれば有気音です。

無気音 "b" と有気音 "p" のペアを練習してみましょう。

| Task:**1** | 前回ユニットの復習 **Unit 7**　Task:**2、3** |
| Task:**2** | 7ユニット前の復習　**Unit 1**　Task:**1** |

このユニットの学習日（全タスクを完了した日）

| □ 1回目　年　月　日　MEMO | □ 2回目　年　月　日　MEMO | □ 3回目　年　月　日　MEMO | □ 4回目　年　月　日　MEMO |

Task:**4** 発音練習

bō　pō

bā – pā　bī – pī

Unit 9
声母の発音練習1

Task:3 | このユニットの内容をよく読む

ここでは唇音、舌尖音、舌根音の発音練習をしましょう。

1.唇音
[b p m f]
"b, p, m"は唇を閉じた状態から開けて息を出します。"f"は上の前歯を下唇の前よりのところに付けて発音を始めます。

Task:4 | 発音練習

bō pō mō fō

bái
白 (白い)

pà
怕 (怖がる)

mèng
梦 (ゆめ)

fēng
风 (かぜ)

2.舌尖音
[d t n l]
舌の先端を上の歯茎に付けた状態から発音を始めます。

Task:5 | 発音練習

dē tē nē lē

dà
大 (大きい)

tú
图 (絵)

nián
年 (とし)

lù
路 (みち)

3.舌根音
[g k h]
舌の根元のところを息が摩擦して出て来るのを意識できる音です。

28

- Task: **1** 前回ユニットの復習 **Unit 8** Task: **3、4**
- Task: **2** 7ユニット前の復習 **Unit 2** Task: **2**

このユニットの学習日 （全タスクを完了した日）	□ 1 回目 　年　月　日 MEMO	□ 2 回目 　年　月　日 MEMO	□ 3 回目 　年　月　日 MEMO	□ 4 回目 　年　月　日 MEMO

Task: **6** 発音練習

gē　kē　hē

gāo
高（高い）

kǔ
苦（にがい）

hǎo
好（よい）

29

Unit 10
声母の発音練習2

Task: 3 | このユニットの内容をよく読む

ここでは舌面音、巻舌音、舌歯音の発音練習をしましょう。

4. 舌面音
[j q x]
"j"と"q"は舌の先端を下の歯の後ろに付け、舌面の前よりの部分を上の歯茎の後ろに付けた状態から発音を始めます。"x"は上の歯茎と舌の間に少しすき間をつくります。

Task: 4 | 発音練習

jī qī xī

jiǔ 酒 (さけ)   qù 去 (行く)   xué 学 (まなぶ)

"j""q""x"の直後の"ü"は"‥"を取り、"u"と表記します。

5. 巻舌音
[zh ch sh r]
舌を反り上げて出す音です。次のユニットで詳しく解説しますので、ここではCDの音声をよく聞いてまねしてください。

Task: 5 | 発音練習

zhī chī shī rī

Zhāng 张 (張)   Chén 陈 (陳)   shān 山 (やま)   rè 热 (あつい)

| Task:**1** | 前回ユニットの復習 **Unit 9** Task:**3〜6** |
| Task:**2** | 7ユニット前の復習 **Unit 3** Task:**2** |

| このユニットの学習日
(全タスクを完了した日) | □ 1回目
年　月　日
MEMO | □ 2回目
年　月　日
MEMO | □ 3回目
年　月　日
MEMO | □ 4回目
年　月　日
MEMO |

6. 舌歯音

[z　c　s]

　舌と歯の間で出す音です。舌の先端を前へ平らに伸ばし、"z"と"c"は上の前歯の後ろに付けて発音します。"s"は上の歯茎と舌の間に少しすき間をつくります。

Task:**6** 発音練習

zī　cī　sī

zǒu
走 (歩く)

cū
粗 (太い)

sān
三 (3)

31

Unit 11
巻舌音の発音のポイント

Task:3 | このユニットの内容をよく読む

巻舌音を出すときには日本語にない舌の動きをします。"zh" と "ch" はまず舌の先端を反り上げて硬口蓋に付け、その後、舌の先端と硬口蓋の間に少しすき間を作り、そこから息を出します。"sh" と "r" は、舌の先端を反り上げて硬口蓋に近づけ、舌の先端と硬口蓋のすき間から息を出します。

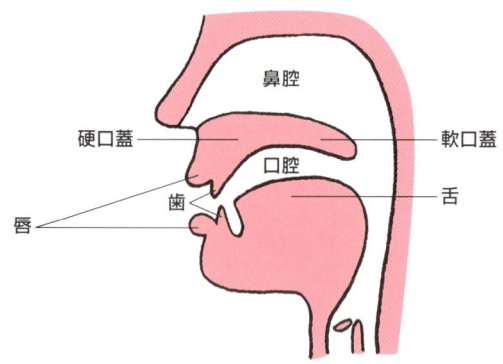

Task:4 | 発音練習

巻舌音に気を付けて次の文を読んでみましょう。

Sì shì sì, shí shì shí, shí sì shì shí sì, sì shí shì sì shí.
四 是 四，十 是 十，十 四 是 十 四，四 十 是 四 十。
(4は4です、10は10です、14は14です、40は40です。)

Task:5 | 発音練習

巻舌音が多く出て来る古文を読んで練習しましょう。

Zhī zhī wéi zhī zhī, bù zhī wéi bù zhī, shì zhī yě.
知 之 为 知 之，不 知 为 不 知，是 知 也。
(知ったことを知ったこととし、知らないことは知らないこととする。それが知るということなのだ。──『論語』より)

| ☑ Task:**1** | 前回ユニットの復習 **Unit 10** Task:**3〜6** |
| ☑ Task:**2** | 7ユニット前の復習 **Unit 4** Task:**2〜4** |

| このユニットの学習日
（全タスクを完了した日） | ☐ 1 回目
　年　月　日
MEMO | ☐ 2 回目
　年　月　日
MEMO | ☐ 3 回目
　年　月　日
MEMO | ☐ 4 回目
　年　月　日
MEMO |

Unit 12
三つの"i"と巻舌母音"er"

Task:3 | このユニットの内容をよく読む

ピンインでは同じく"i"と表記されますが、次の三つの"i"はそれぞれ違う音です。

1.唇音、舌尖音、舌面音の後の"i"

唇音"b""p""m"、舌尖音"d""t""n""l"、舌面音"j""q""x"の後の"i"はいずれも単母音の"i"で、唇を左右に引いてはっきりと発音します。

2.巻舌音の後の"i"

巻舌音"zh""ch""sh""r"の後の"i"は巻舌音を発音するときに自然に出て来るあいまいな母音"-i"です。唇はやはり左右に引きます。「イ」に近い音に聞こえます。

3.舌歯音の後の"i"

舌歯音"z""c""s"の後の"i"もあいまいな母音"-i"で、単母音"i"とはかなり違う音です。唇はやはり左右に引いて発音します。「ウ」に近い音に聞こえます。

Task:4 | 発音練習

qī
七 (7)

rì
日 (日)

zì
字 (字)

■ 巻舌母音"er"

巻舌母音"er"は声母と結び付かない独立した母音です。"er"は"e"を発音しながら舌先をそり上げます。声調を付けて練習してみましょう。

| Task: **1** | 前回ユニットの復習 **Unit 11** Task: **3~5** |
| Task: **2** | 7ユニット前の復習 **Unit 5** Task: **2~4** |

このユニットの学習日（全タスクを完了した日）

- □ 1回目　　年　月　日　MEMO
- □ 2回目　　年　月　日　MEMO
- □ 3回目　　年　月　日　MEMO
- □ 4回目　　年　月　日　MEMO

Task: **5** | 発音練習

er：ēr　ér　ěr　èr

Unit 13
人称代名詞

- Task:3 | このユニットの内容をよく読む
- Task:4 | CDの音声をよく聞く (10回)
- Task:5 | CDの音声を聞いて中国語の例文を発音する (10回)
- Task:6 | CDの音声を聞かずに中国語の例文を音読する (10回)

CD 10

「わたし」「あなた」「彼」「彼女」などの言い方を学びます。まず、下の表を覚えましょう。

1 第一人称	我 (わたし) wǒ	
2 第二人称	你 (あなた) nǐ	您 (あなた) nín
3 第三人称	他 (彼) tā	她 (彼女) tā	它 (それ) tā

"您 nín" は "你 nǐ" の敬語。"他""她""它" は皆同じ "tā" という発音です。人間の男性は "他"、女性は "她"、動物あるいは無生物を表すときは "它" という字を書きます。

複数形は次のようになります。

4 第一人称	我们 (わたしたち) wǒ men	
5 第二人称	你们 (あなたたち) nǐ men	
6 第三人称	他们 (彼ら) tā men	她们 (彼女ら) tā men	它们 (それら) tā men

新出単語　Task:7 | 中国語とピンインをノートに書く (10回)

- 我 wǒ — わたし
- 你 nǐ — あなた
- 您 nín — あなた (敬語)
- 他 tā — 彼
- 她 tā — 彼女
- 它 tā — それ
- 我们 wǒmen — わたしたち
- 你们 nǐmen — あなたたち
- 他们 tāmen — 彼ら
- 她们 tāmen — 彼女ら
- 它们 tāmen — それら

| ☐ Task:**1** | 前回ユニットの復習 **Unit 12** Task:**3～5** |
| ☐ Task:**2** | 7ユニット前の復習 **Unit 6** Task:**2、3** |

| このユニットの学習日
(全タスクを完了した日) | ☐ 1回目
　　年　月　日
MEMO | ☐ 2回目
　　年　月　日
MEMO | ☐ 3回目
　　年　月　日
MEMO | ☐ 4回目
　　年　月　日
MEMO |

　"们 men"は人称代名詞や人を表す名詞の後に付けて複数を表します。一般の名詞には複数であっても"们 men"を付けません。
　"工人们 gōng rén men"(労働者たち)とは言いますが、"椅子 yǐ zi"が複数あっても"×椅子们"とは言いません。
　男女混合のグループを指す場合は"他们 tā men"と表記します。

■ 軽声

　"们 men"は前の音に付けて、軽く短く発音します。このように声調がほとんど消えて発音されるものを「軽声(けいせい)」と言います。以下に四つの声調と軽声の組み合わせを示します。「。」が軽声です。

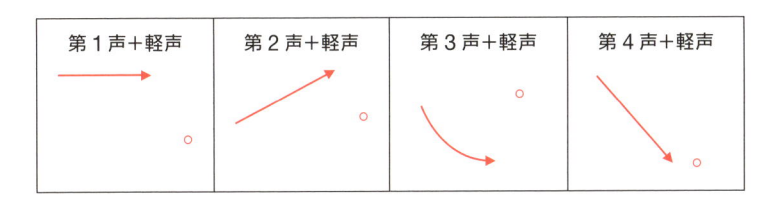

| 第1声+軽声 | 第2声+軽声 | 第3声+軽声 | 第4声+軽声 |

☐ Task:**9** | 発音練習

☐ mā ma
妈 妈 (お母さん)

☐ yé ye
爷 爷 (おじいさん)

☐ nǎi nai
奶 奶 (おばあさん)

☐ bà ba
爸 爸 (お父さん)

例文の和訳　　☐ Task:**8** | 日本語を見て中国語を暗唱する (10回)

☐ 1 わたし
☐ 2 あなた　あなた(敬語)
☐ 3 彼　彼女　それ
☐ 4 わたしたち
☐ 5 あなたたち
☐ 6 彼ら　彼女ら　それら

Unit 14
日常のあいさつ

CD 11
- Task:3 | このユニットの内容をよく読む
- Task:4 | CDの音声をよく聞く(10回)
- Task:5 | CDの音声を聞いて中国語の例文を発音する(10回)
- Task:6 | CDの音声を聞かずに中国語の例文を音読する(10回)

よく使うあいさつを覚えましょう。和訳はこのユニットの最後にありますので確認してください。

1. 你好。 Nǐ hǎo.
2. 您好。 Nín hǎo.
3. 请问。 Qǐng wèn.
4. 对不起。 Duì bu qǐ.
5. 再见。 Zài jiàn.

■ 第3声の連続

"你好。Nǐ hǎo."のように第3声がつながる場合、前の音節は第2声に声調が変化します。

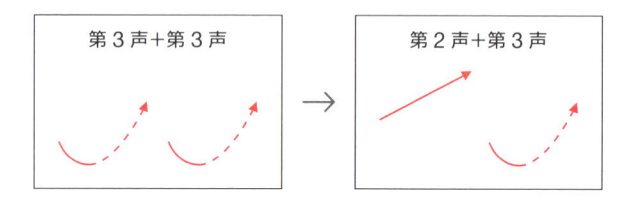

第3声+第3声 → 第2声+第3声

Task:9 | 発音練習

- 水果(果物) shuǐ guǒ
- 展览(展覧) zhǎn lǎn

新出単語 | Task:7 | 中国語とピンインをノートに書く(10回)

- 好 hǎo — よい;健康である
- 请问 qǐngwèn — お尋ねします
- 对不起 duìbuqǐ — ごめんなさい
- 再见 zàijiàn — さようなら

| ☑ Task: **1** | 前回ユニットの復習 **Unit 13** Task: **8、9** |
| ☑ Task: **2** | 7ユニット前の復習 **Unit 7** Task: **2、3** |

| このユニットの学習日
（全タスクを完了した日） | ☐ 1回目
　年　月　日
MEMO | ☐ 2回目
　年　月　日
MEMO | ☐ 3回目
　年　月　日
MEMO | ☐ 4回目
　年　月　日
MEMO |

■ 半3声

"请"は第3声ですが、"请问。Qǐng wèn."と言うときの"请 qǐng"は後半の上昇部分が消えています。このように第3声前半の下降調子の部分だけを発音するものを「半3声(はんさんせい)」と言います。第1、2、4声とほとんどの軽声の前にある第3声は半3声に発音されます。

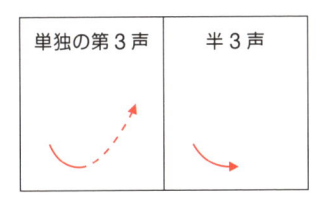

| 単独の第3声 | 半3声 |

☑ Task: **10** | 発音練習

☑ 首 都（首都）
　shǒu dū

☑ 表 情（表情）
　biǎo qíng

☑ 企 業（企業）
　qǐ yè

☑ 椅 子（椅子）
　yǐ zi

例文の和訳　　☑ Task: **8** | 日本語を見て中国語を暗唱する（10回）

☑ 1 こんにちは。
☑ 2 こんにちは。(敬語)
☑ 3 お尋ねします。
☑ 4 ごめんなさい。
☑ 5 さようなら。

39

Unit 15
動詞述語文

- Task:3 | このユニットの内容をよく読む
- Task:4 | CDの音声をよく聞く (10回)
- Task:5 | CDの音声を聞いて中国語の例文を発音する (10回)
- Task:6 | CDの音声を聞かずに中国語の例文を音読する (10回)

CD 12

　日本語と同様に中国語でも「〜は」という主語は、「〜する」という動詞の前に置かれます。

動詞述語文の構造

　主語　+　動詞

1. 我 去。
Wǒ qù.

2. 你 来。
Nǐ lái.

3. 他 说。
Tā shuō.

4. 她 听。
Tā tīng.

■ 筆順の規則

漢字の書き順には原則があります。

1. 上から下へ

章：章 → 章 → 章

2. 左から右へ

树：树 → 树 → 树

新出単語　　Task:7 | 中国語とピンインをノートに書く (10回)

- 去 qù — 行く
- 来 lái — 来る
- 说 shuō — 話す
- 听 tīng — 聞く

| ☑☑ Task: **1** | 前回ユニットの復習 Unit 14 Task: **8~10** |
| ☑☑ Task: **2** | 7ユニット前の復習 Unit 8 Task: **3、4** |

	☐ 1回目 年 月 日 MEMO	☐ 2回目 年 月 日 MEMO	☐ 3回目 年 月 日 MEMO	☐ 4回目 年 月 日 MEMO
このユニットの学習日 (全タスクを完了した日)				

3. 横が先で縦は後

干：干 → 干 → 干

4. 左払いが先で右払いは後

乂：乂 → 乂 → 乂

5. 外が先で内は後

网：网 → 网

6. 最後に蓋(ふた)をする

国：国 → 国 → 国

例文の和訳　　☑☑ Task: **8** | 日本語を見て中国語を暗唱する (10回)

☑☑ **1** わたしは行く。
☑☑ **2** あなたは来る。
☑☑ **3** 彼は話す。
☑☑ **4** 彼女は聞く。

Unit 16
否定を表す"不"

- Task:3 このユニットの内容をよく読む
- Task:4 CDの音声をよく聞く（10回）
- Task:5 CDの音声を聞いて中国語の例文を発音する（10回）
- Task:6 CDの音声を聞かずに中国語の例文を音読する（10回）

「～しない」というときには動詞の前に"不 bù"を付けます。

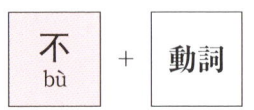

不 bù ＋ **動詞**

1. 我 不 写。
   Wǒ bù xiě.

2. 你 不 唱。
   Nǐ bú chàng.

3. 他 不 做。
   Tā bú zuò.

4. 她 不 走。
   Tā bù zǒu.

■ "不"の声調変化

"不"のもともとの声調は"bù"と第4声ですが、後ろに第4声が続くときは、"bú"と第2声に声調が変わります。

■ 日常のあいさつ

よく使うお礼の表現を覚えましょう。

5. 谢谢。
   Xiè xie.

6. 不 客 气。
   Bú kè qi.

新出単語　Task:7 中国語とピンインをノートに書く（10回）

- 不 bù — ～しない；～でない
- 写 xiě — 書く
- 唱 chàng — 歌う
- 做 zuò — やる；する；作る
- 走 zǒu — 歩く；行く；その場を立ち去る
- 谢谢 xièxie — ありがとう
- 客气 kèqi — 遠慮する

| ☑☑ Task:**1** | 前回ユニットの復習 **Unit 15** Task:**8** |
| ☑☑ Task:**2** | 7ユニット前の復習 **Unit 9** Task:**3〜6** |

| このユニットの学習日
（全タスクを完了した日） | ☐ 1回目
年　月　日
MEMO | ☐ 2回目
年　月　日
MEMO | ☐ 3回目
年　月　日
MEMO | ☐ 4回目
年　月　日
MEMO |

例文の和訳　　☑☑ Task:**8** | 日本語を見て中国語を暗唱する（10回）

☑☑ **1** わたしは書かない。
☑☑ **2** あなたは歌わない。
☑☑ **3** 彼はやらない。
☑☑ **4** 彼女は行かない。
☑☑ **5** ありがとうございます。

☑☑ **6** どういたしまして。

43

Unit 17
目的語の位置

CD 14	☑☑ Task:3 ｜このユニットの内容をよく読む
	☑☑ Task:4 ｜CDの音声をよく聞く (10回)
	☑☑ Task:5 ｜CDの音声を聞いて中国語の例文を発音する (10回)
	☑☑ Task:6 ｜CDの音声を聞かずに中国語の例文を音読する (10回)

目的語がある場合には動詞の後ろに置きます。

主語 ＋ 動詞 ＋ 目的語

☑☑1 我 吃 饭。
Wǒ chī fàn.

☑☑2 你们 看 电视。
Nǐmen kàn diànshì.

☑☑3 他们 学习 中文。
Tāmen xuéxí Zhōngwén.

☑☑4 她 做 菜。
Tā zuò cài.

■ 2音節の単語

中国語はもともと1音節、1概念、1文字が対応している言語ですが、現代中国語で最も多いのは2音節の単語です。2音節単語の声調の組み合わせ全パターンの発音練習をしましょう。

新出単語　☑☑ Task:7 ｜中国語とピンインをノートに書く (10回)

- ☑☑ 吃 chī — 食べる
- ☑☑ 饭 fàn — ご飯
- ☑☑ 看 kàn — 見る
- ☑☑ 电视 diànshì — テレビ
- ☑☑ 学习 xuéxí — 学習する；勉強する
- ☑☑ 中文 Zhōngwén — 中国語
- ☑☑ 菜 cài — 料理

☑☑ Task:1 ｜ 前回ユニットの復習 **Unit 16** Task: **8**
☑☑ Task:2 ｜ 7ユニット前の復習 **Unit 10** Task: **3〜6**

このユニットの学習日 （全タスクを完了した日）	☐ 1回目 年　月　日 MEMO	☐ 2回目 年　月　日 MEMO	☐ 3回目 年　月　日 MEMO	☐ 4回目 年　月　日 MEMO

☑☑ Task:9 ｜ 発音練習

第1声+第1声	第1声+第2声	第1声+第3声	第1声+第4声	第1声+軽声
chū fā 出 发 （出発する）	kōng tiáo 空 调 （エアコン）	xīn kǔ 辛 苦 （苦労する）	tōng guò 通 过 （通過する）	zhī shi 知 识 （知識）
第2声+第1声	第2声+第2声	第2声+第3声	第2声+第4声	第2声+軽声
nóng cūn 农 村 （農村）	chú fáng 厨 房 （台所）	píng guǒ 苹 果 （リンゴ）	huó dòng 活 动 （活動）	má fan 麻 烦 （煩わしい）
第3声+第1声	第3声+第2声	第3声+第3声	第3声+第4声	第3声+軽声
hǎo chī 好 吃 （おいしい）	gǎi gé 改 革 （改革する）	yǔ fǎ 语 法 （文法）	lǐ wù 礼 物 （贈り物）	ěr duo 耳 朵 （耳）
第4声+第1声	第4声+第2声	第4声+第3声	第4声+第4声	第4声+軽声
xià tiān 夏 天 （夏）	fù zá 复 杂 （複雑である）	tiào wǔ 跳 舞 （ダンスをする）	sàn bù 散 步 （散歩する）	gù shi 故 事 （物語）

例文の和訳　☑☑ Task:8 ｜ 日本語を見て中国語を暗唱する (10回)

☑☑ **1** わたしはご飯を食べる。
☑☑ **2** あなたたちはテレビを見る。
☑☑ **3** 彼らは中国語を勉強する。
☑☑ **4** 彼女は料理を作る。

Unit 18
説明や判断を示す"是"

	Task:3	このユニットの内容をよく読む
	Task:4	CDの音声をよく聞く (10回)
	Task:5	CDの音声を聞いて中国語の例文を発音する (10回)
	Task:6	CDの音声を聞かずに中国語の例文を音読する (10回)

「〜です」と説明や判断を表すときには動詞"是 shì"を用います。

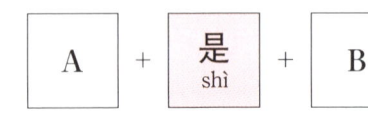

A + 是 shì + B

(AはBです)

1. 我 是 日本人。
   Wǒ shì Rìběnrén.

2. 你 是 中国人。
   Nǐ shì Zhōngguórén.

3. 老 李 是 医生。
   Lǎo Lǐ shì yīshēng.

4. 她们 是 护士。
   Tāmen shì hùshi.

新出単語　　Task:7 | 中国語とピンインをノートに書く (10回)

- 是 shì — 〜です
- 日本人 Rìběnrén — 日本人
- 中国人 Zhōngguórén — 中国人
- 老 lǎo — 〜さん(年配の人の姓の前に用いる);年を取っている
- 李 Lǐ — 〈姓〉李
- 医生 yīshēng — 医者
- 护士 hùshi — 看護師

| Task: 1 | 前回ユニットの復習 **Unit 17** Task: **8、9** |
| Task: 2 | 7ユニット前の復習 **Unit 11** Task: **3〜5** |

| このユニットの学習日
(全タスクを完了した日) | □ 1回目
　年　月　日
MEMO | □ 2回目
　年　月　日
MEMO | □ 3回目
　年　月　日
MEMO | □ 4回目
　年　月　日
MEMO |

■ 呼びかけのことば

　"你好。Nǐ hǎo."は初対面の人に対して一番よく使われるあいさつことばです。電話を掛けるときにもまず"你好。Nǐ hǎo."と言ってから用件を話すのがエチケットにかなっています。"你好。Nǐ hǎo."は朝、昼、晩いつでも使える便利なことばですが、親しい人どうしではあまり使いません。クラスメートや会社の同僚どうしなら相手の姓名をそのまま呼ぶことがあいさつとなります。姓名をフルネームで呼んでもいいし、姓の前に"老 lǎo"や"小 xiǎo"を付けて"老陈 Lǎo Chén""小胡 Xiǎo Hú"のように呼んでもかまいません。親友どうしであれば姓は言わず、名前だけを呼びます。また肩書きを付けて"王总 Wáng zǒng"("总"は"总经理 zǒngjīnglǐ"の略で「社長」の意)とか"张主任 Zhāng zhǔrèn"(張主任)、"孔教授 Kǒng jiàoshòu"(孔教授)などと呼ぶのも一般的です。

例文の和訳　　Task: 8 | 日本語を見て中国語を暗唱する (10回)

1　わたしは日本人です。
2　あなたは中国人です。
3　李さんは医者です。
4　彼女たちは看護師です。

47

Unit 19
"是"の否定

	Task:3	このユニットの内容をよく読む
CD 16	Task:4	CDの音声をよく聞く (10回)
	Task:5	CDの音声を聞いて中国語の例文を発音する (10回)
	Task:6	CDの音声を聞かずに中国語の例文を音読する (10回)

"是 shì"を否定するときには"不是 bú shì"とします。

$$A + \boxed{\text{不 是} \atop \text{bú shì}} + B$$

(AはBではありません)

1 我 不 是 学生。
Wǒ bú shì xuésheng.

2 你们 不 是 农民。
Nǐmen bú shì nóngmín.

3 她 不 是 美国人。
Tā bú shì Měiguórén.

4 他们 不 是 留学生。
Tāmen bú shì liúxuéshēng.

新出単語　　Task:7 | 中国語とピンインをノートに書く (10回)

- 学生 xuésheng ― 学生
- 农民 nóngmín ― 農民
- 美国人 Měiguórén ― アメリカ人
- 留学生 liúxuéshēng ― 留学生

| ☑☑ Task:**1** | 前回ユニットの復習 **Unit 18** Task:**8** |
| ☑☑ Task:**2** | 7ユニット前の復習 **Unit 12** Task:**3〜5** |

| このユニットの学習日
（全タスクを完了した日） | ☐ 1回目
年　月　日
MEMO | ☐ 2回目
年　月　日
MEMO | ☐ 3回目
年　月　日
MEMO | ☐ 4回目
年　月　日
MEMO |

例文の和訳　　☑☑ Task:**8** | 日本語を見て中国語を暗唱する（10回）

☑☑ **1** わたしは学生ではありません。
☑☑ **2** あなたたちは農民ではありません。
☑☑ **3** 彼女はアメリカ人ではありません。
☑☑ **4** 彼らは留学生ではありません。

49

Unit 20
"吗"を用いる疑問文

- Task:3 | このユニットの内容をよく読む
- Task:4 | CDの音声をよく聞く (10回)
- Task:5 | CDの音声を聞いて中国語の例文を発音する (10回)
- Task:6 | CDの音声を聞かずに中国語の例文を音読する (10回)

CD 17

　語気助詞"吗 ma"は相手に「そうであるか否か」を問う気分を表します。日本語の「〜か？」に相当します。中国語では疑問文の文末に"?"を付けます。

1 你 抽 烟 吗?
　Nǐ chōu yān ma?

2 我 抽 烟。
　Wǒ chōu yān.

3 我 不 抽 烟。
　Wǒ bù chōu yān.

4 他 是 老师 吗?
　Tā shì lǎoshī ma?

5 他 是 老师。
　Tā shì lǎoshī.

6 他 不 是 老师。
　Tā bú shì lǎoshī.

新出単語　　Task:7 | 中国語とピンインをノートに書く (10回)

- 抽 chōu ― 吸う
- 烟 yān ― たばこ
- 吗 ma ― 〈助詞〉疑問の語気を表す
- 老师 lǎoshī ― 先生

| Task:1 | 前回ユニットの復習 **Unit 19** Task:**8** |
| Task:2 | 7ユニット前の復習 **Unit 13** Task:**8、9** |

| このユニットの学習日
(全タスクを完了した日) | □ 1回目
　年　月　日
MEMO | □ 2回目
　年　月　日
MEMO | □ 3回目
　年　月　日
MEMO | □ 4回目
　年　月　日
MEMO |

例文の和訳　　Task:8 | 日本語を見て中国語を暗唱する（10回）

1 あなたはたばこを吸いますか？
2 わたしはたばこを吸います。
3 わたしはたばこを吸いません。
4 彼は先生ですか？
5 彼は先生です。
6 彼は先生ではありません。

51

Unit 21
形容詞述語文

CD 18

- ☑☑ Task:3 | このユニットの内容をよく読む
- ☑☑ Task:4 | CDの音声をよく聞く (10回)
- ☑☑ Task:5 | CDの音声を聞いて中国語の例文を発音する (10回)
- ☑☑ Task:6 | CDの音声を聞かずに中国語の例文を音読する (10回)

「～は～(の状態)である」と主語の状態を述べるときには形容詞述語文を用います。

形容詞述語文の構造

主語 + (副詞) + 形容詞

☑☑ 1　他 很　聪明。
　　　Tā hěn cōngming.

☑☑ 2　今天 特别 热。
　　　Jīntiān tèbié rè.

☑☑ 3　价钱 太 贵。
　　　Jiàqian tài guì.

例文1のように、形容詞の前に付けた副詞"很 hěn"(とても)は音のリズムを安定させる役割を果たし、もともとの「とても」という意味は薄れています。逆に"很 hěn"を付けずに形容詞だけですと、例文4、5のように文が完結した感じがせず、対比する文になります。

形容詞の前には程度を強調する"特别 tèbié"などの副詞が付くのが一般的です。

形容詞述語文では特に強調するのでなければふつうは"是 shì"を使いません。

新出単語　☑☑ Task:7 | 中国語とピンインをノートに書く (10回)

- ☑☑ 很 hěn ─ とても
- ☑☑ 聪明 cōngming ─ 聡明である;頭がいい
- ☑☑ 今天 jīntiān ─ 今日
- ☑☑ 特别 tèbié ─ 特に;とても
- ☑☑ 热 rè ─ 暑い;熱い
- ☑☑ 价钱 jiàqian ─ 値段
- ☑☑ 太 tài ─ あまりにも～すぎる
- ☑☑ 贵 guì ─ (値段が)高い
- ☑☑ 高 gāo ─ (背などが)高い
- ☑☑ 矮 ǎi ─ (背などが)低い
- ☑☑ 外边 wàibian ─ そと
- ☑☑ 冷 lěng ─ 寒い;冷たい
- ☑☑ 里边 lǐbian ─ なか
- ☑☑ 暖和 nuǎnhuo ─ 暖かい

52

- Task:1 | 前回ユニットの復習 **Unit 20** Task:**8**
- Task:2 | 7ユニット前の復習 **Unit 14** Task:**8～10**

このユニットの学習日 （全タスクを完了した日）	□ 1回目 年 月 日 MEMO	□ 2回目 年 月 日 MEMO	□ 3回目 年 月 日 MEMO	□ 4回目 年 月 日 MEMO

4 她 高，我 矮。
Tā gāo, wǒ ǎi.

5 外边 冷，里边 暖和。
Wàibian lěng, lǐbian nuǎnhuo.

例文の和訳　　Task:**8** | 日本語を見て中国語を暗唱する（10回）

1. 彼は頭がいい。
2. 今日はとても暑い。
3. 値段が高すぎる。
4. 彼女は背が高く、わたしは背が低い。
5. 外は寒いが、中は暖かい。

53

Unit 22
形容詞の否定

- Task:3 | このユニットの内容をよく読む
- Task:4 | CDの音声をよく聞く (10回)
- Task:5 | CDの音声を聞いて中国語の例文を発音する (10回)
- Task:6 | CDの音声を聞かずに中国語の例文を音読する (10回)

形容詞を否定するときには"不 bù"を用います。

不 bù + **形容詞**

1. 种类 不 多。
   Zhǒnglèi bù duō.

2. 朋友 不 少。
   Péngyou bù shǎo.

「あまり~でない」というときには"不太 bú tài"を用います。

3. 妈妈 不 太 高兴。
   Māma bú tài gāoxìng.

4. 她 不 太 认真。
   Tā bú tài rènzhēn.

新出単語　　Task:7 | 中国語とピンインをノートに書く (10回)

- 种类 zhǒnglèi — 種類
- 多 duō — 多い
- 朋友 péngyou — 友達
- 少 shǎo — 少ない
- 妈妈 māma — お母さん
- 高兴 gāoxìng — うれしい；機嫌がよい
- 认真 rènzhēn — まじめである

| ☑ Task:**1** | 前回ユニットの復習 **Unit 21** Task:**8** |
| ☑ Task:**2** | 7ユニット前の復習 **Unit 15** Task:**8** |

このユニットの学習日（全タスクを完了した日）

□ 1回目　　年　月　日　MEMO
□ 2回目　　年　月　日　MEMO
□ 3回目　　年　月　日　MEMO
□ 4回目　　年　月　日　MEMO

例文の和訳　　Task:**8** | 日本語を見て中国語を暗唱する（10回）

☑ **1** 種類は多くない。
☑ **2** 友達は少なくない。
☑ **3** お母さんはあまり機嫌がよくない。
☑ **4** 彼女はあまりまじめではない。

Unit 23
限定語

CD 20	☐ Task:3 このユニットの内容をよく読む
	☐ Task:4 CDの音声をよく聞く (10回)
	☐ Task:5 CDの音声を聞いて中国語の例文を発音する (10回)
	☐ Task:6 CDの音声を聞かずに中国語の例文を音読する (10回)

名詞を修飾、説明する語を「限定語（げんていご）」と言います。限定語は連体修飾語と同じです。

限定語 ＋ 名詞

☐ 1 红 毛衣
　　　hóng máoyī

☐ 2 妈妈 的 心意
　　　māma de xīnyì

"的 de" の使い方
「～の」という所有を表すときには限定語と名詞の間に"的 de"を入れます。

☐ 3 我 的 书包
　　　wǒ de shūbāo

☐ 4 他 的 汽车
　　　tā de qìchē

人称代名詞が家族や所属機関の限定語となる場合、しばしば"的 de"が省略されます。

☐ 5 他 爱人
　　　tā àiren

☐ 6 你们 公司
　　　nǐmen gōngsī

限定語が表す内容を他と区別してはっきりとさせるときに"的 de"を入れます。

☐ 7 左边 的 画儿
　　　zuǒbian de huàr

☐ 8 美丽 的 风景
　　　měilì de fēngjǐng

新出単語　☐ Task:7 中国語とピンインをノートに書く (10回)

- ☐ 红 hóng — 赤い
- ☐ 毛衣 máoyī — セーター
- ☐ 的 de — ～の
- ☐ 心意 xīnyì — 気持ち
- ☐ 书包 shūbāo — カバン
- ☐ 汽车 qìchē — 自動車
- ☐ 爱人 àiren — 夫あるいは妻；つれあい
- ☐ 公司 gōngsī — 会社
- ☐ 左边 zuǒbian — ひだり；左側
- ☐ 画儿 huàr — 絵
- ☐ 美丽 měilì — 美しい
- ☐ 风景 fēngjǐng — 風景
- ☐ 老 lǎo — いつもの
- ☐ 地方 dìfang — ところ
- ☐ 珍珠 zhēnzhū — 真珠
- ☐ 项链 xiàngliàn — ネックレス

| Task:1 | 前回ユニットの復習 Unit 22 Task:8 |
| Task:2 | 7ユニット前の復習 Unit 16 Task:8 |

このユニットの学習日 (全タスクを完了した日)	□ 1回目 年　月　日 MEMO	□ 2回目 年　月　日 MEMO	□ 3回目 年　月　日 MEMO	□ 4回目 年　月　日 MEMO

限定語と名詞の結び付きが強く、一つの単語のように見なされれば"的 de"を入れません。

9 老 地方
　 lǎo dìfang

10 珍珠　项链
　　 zhēnzhū xiàngliàn

■ アル化

"画儿 huàr"のように韻母の最後のところで舌の先を反り上げる発音を「アル化"儿化 érhuà"」と言い、漢字は"儿"で、ピンインは"r"で表記します。アル化した場合、直前の"n"は発音されません。

Task:9 | 発音練習

花儿 (はな)
huār

玩儿 (遊ぶ)
wánr

点儿 (点)
diǎnr

事儿 (こと)
shìr

例文の和訳　　Task:8 | 日本語を見て中国語を暗唱する (10回)

1 赤いセーター
2 お母さんの気持ち
3 わたしのカバン
4 彼の車
5 彼の奥さん
6 あなたたちの会社
7 左側の絵
8 美しい風景
9 いつものところ
10 真珠のネックレス

Unit 24
数の言い方

CD 21	☑ Task:3	このユニットの内容をよく読む
	☑ Task:4	CDの音声をよく聞く (10回)
	☑ Task:5	CDの音声を聞いて中国語の例文を発音する (10回)
	☑ Task:6	CDの音声を聞かずに中国語の例文を音読する (10回)

　数字の数え方は1から99までは日本語と同じですが、「100」は"一百 yìbǎi"、「1000」は"一千 yìqiān"、「10000」は"一万 yíwàn"とそれぞれ"一 yī"を付けます。

☑1　一　二　　三　　四　　五　　六　　七　　八　　九　　十
　　yī　èr　sān　sì　wǔ　liù　qī　bā　jiǔ　shí

☑2　十一　　十二　　十三　　十四　　十五　　十六　……　二十
　　shíyī　shí'èr　shísān　shísì　shíwǔ　shíliù　……　èrshí

☑3　二十一　　二十二　……　三十　……　四十　……　一百
　　èrshiyī　èrshi'èr　……　sānshí　……　sìshí　……　yìbǎi
　……　一千　……　一万
　……　yìqiān　……　yíwàn

　数字「0」は"零 líng"と読みます。また、小数は次のように読みます。

☑4　零　点儿　一
　　líng　diǎnr　yī

　「208」は"二百零八 èrbǎi líng bā"、「2008」は"两千零八 liǎngqiān líng bā"と読みます。読まれている"零 líng"の数がどちらも一つなのには理由があります。この場合は「0」という数字を読んでいるのではないのです。中国語に"零件 língjiàn"(部品)や"零钱 língqián"(小銭)などの単語があります。これらの単語の"零 líng"は「細かい」「余り」「端数」という意味を表しています。「2008」を"两千零八 liǎngqiān líng bā"と

新出単語　☑ Task:7 | 中国語とピンインをノートに書く (10回)

☑ 一 yī — 1
☑ 二 èr — 2
☑ 三 sān — 3
☑ 四 sì — 4
☑ 五 wǔ — 5
☑ 六 liù — 6
☑ 七 qī — 7
☑ 八 bā — 8
☑ 九 jiǔ — 9
☑ 十 shí — 10
☑ 百 bǎi — 100
☑ 千 qiān — 1000
☑ 万 wàn — 10000
☑ 零 líng — 0
☑ 点儿 diǎnr — 点

| Task:1 | 前回ユニットの復習 Unit 23 Task: 8、9 |
| Task:2 | 7ユニット前の復習 Unit 17 Task: 8、9 |

| このユニットの学習日
（全タスクを完了した日） | □ 1回目
　年　月　日
MEMO | □ 2回目
　年　月　日
MEMO | □ 3回目
　年　月　日
MEMO | □ 4回目
　年　月　日
MEMO |

読むのは、「2000」をまとまった数と見なし、端数として「8」が付いているというニュアンスなのです。

■ "十 shí" の発音

"二十一 èrshiyī" などの "十" は軽声で、"shi" と読まれます。

■ "一 yī" の声調変化

"一" のもともとの声調は "yī" と第1声です。単独で用いるとき、単語の末尾や文末に用いられるとき、序数として用いられるときは、そのまま第1声 "yī" と発音します。しかし、第1、2、3声の音節の前では、第4声 "yì" となり、第4声の音節の前では、第2声 "yí" と変調します。

Task:9 | 発音練習

一 九 一 九 年 （1919年）
yī jiǔ yī jiǔ nián

统一 （統一する）
tǒngyī

第 一 （第一）
dì yī

一边 （一方）
yìbiān

一行 （一行 [いっこう]）
yìxíng

一起 （一緒に）
yìqǐ

一定 （きっと）
yídìng

「1」は番号などの場合、"yāo" と読まれることもあります。

例文の和訳　　Task:8 | 日本語を見て中国語を暗唱する（10回）

1 1 2 3 4 5 6 7 8 9 10
2 11 12 13 14 15 16 20
3 21 22 30 40 100 1000 10000
4 0.1

Unit 25
物の数え方

- Task:3 | このユニットの内容をよく読む
- Task:4 | CDの音声をよく聞く (10回)
- Task:5 | CDの音声を聞いて中国語の例文を発音する (10回)
- Task:6 | CDの音声を聞かずに中国語の例文を音読する (10回)

物を数えるときに用いる語を「量詞」と言います。日本語の助数詞に相当します。量詞はもともとその物の形のイメージから発生した語で、具体的な表現を重んじる中国語の特徴をとてもよく表している品詞です。名詞によって用いられる量詞は決まっているので正しく使い分ける必要があります。語順は以下のようにします。

数詞 ＋ 量詞 ＋ 名詞

1. 一 座 山
   yí zuò shān

2. 两 条 河
   liǎng tiáo hé

3. 三 把 刀
   sān bǎ dāo

4. 四 双 鞋
   sì shuāng xié

数量を表す「2」は"二 èr"ではなく、"两 liǎng"を用います。しかし、「12」「22」などは"十二 shí'èr""二十二 èrshi'èr"と言い、"两 liǎng"は用いません。

新出単語 | Task:7 | 中国語とピンインをノートに書く (10回)

- 座 zuò ―〈量詞〉どっしりと鎮座している物を数える
- 山 shān ― 山
- 两 liǎng ― 二つ；2
- 条 tiáo ―〈量詞〉細長い物を数える
- 河 hé ― 川
- 把 bǎ ―〈量詞〉柄などつかむところのある物を数える
- 刀 dāo ― ナイフ
- 双 shuāng ―〈量詞〉ペアになっている物を数える
- 鞋 xié ― 靴
- 杯 bēi ― 杯；コップ
- 咖啡 kāfēi ― コーヒー

| Task: 1 | 前回ユニットの復習 **Unit 24** Task: **8、9**
| Task: 2 | 7ユニット前の復習 **Unit 18** Task: **8**

容器を表す名詞を量詞として用いる場合もあります。

5 五 杯 咖啡
  wǔ bēi kāfēi

例文の和訳 Task: **8** | 日本語を見て中国語を暗唱する (10回)

1 一つの山
2 2本の川
3 3本のナイフ
4 4足の靴
5 5杯のコーヒー

Unit 26
指示代名詞

CD 23
- Task:3 | このユニットの内容をよく読む
- Task:4 | CDの音声をよく聞く (10回)
- Task:5 | CDの音声を聞いて中国語の例文を発音する (10回)
- Task:6 | CDの音声を聞かずに中国語の例文を音読する (10回)

「この」「あの(その)」「どの」を表すのが指示代名詞です。まず、下の表を覚えましょう。"/"で並記したものは、発音が二通りあることを示しています。

		近称 (この、これ)	遠称 (あの、あれ)	疑問 (どの、どれ)
1	単数	这 zhè 这个 zhège/zhèige	那 nà 那个 nàge/nèige	哪 nǎ 哪个 nǎge/něige
2	複数	这些 zhèxiē	那些 nàxiē	哪些 nǎxiē

3　这是我的护照。
　　Zhè shì wǒ de hùzhào.

4　那不是弟弟的吉他。
　　Nà bú shì dìdi de jítā.

「この〜」「あの〜」というときには次の語順になります。

指示代名詞 + 数詞 + 量詞 + 名詞

5　这一张纸
　　zhè yì zhāng zhǐ

6　那两只猫
　　nà liǎng zhī māo

新出単語　Task:7 | 中国語とピンインをノートに書く (10回)

- 这 zhè — この、これ
- 这个 zhège — この、これ
- 这些 zhèxiē — これら
- 那 nà — あの、あれ
- 那个 nàge — あの、あれ
- 那些 nàxiē — あれら
- 哪 nǎ — どの、どれ
- 哪个 nǎge — どの、どれ
- 哪些 nǎxiē — どの、どれ (複数)
- 护照 hùzhào — パスポート
- 弟弟 dìdi — 弟
- 吉他 jítā — ギター
- 张 zhāng — 〈量詞〉張った面を持つ物を数える
- 纸 zhǐ — 紙
- 只 zhī — 〈量詞〉動物や鳥を数える
- 猫 māo — 猫
- 件 jiàn — 〈量詞〉衣類や事柄を数える
- 衬衫 chènshān — シャツ;ブラウス
- 孩子 háizi — 子ども
- 真 zhēn — 本当に
- 可爱 kě'ài — かわいい
- 要 yào — ほしい;必要とする
- 拿 ná — 取る;持つ

| Task:1 | 前回ユニットの復習 **Unit 25** Task:**8**
| Task:2 | 7ユニット前の復習 **Unit 19** Task:**8**

| このユニットの学習日
（全タスクを完了した日） | □ 1回目
　年　月　日
MEMO | □ 2回目
　年　月　日
MEMO | □ 3回目
　年　月　日
MEMO | □ 4回目
　年　月　日
MEMO |

7 这件 衬衫 是 她 的。
Zhè jiàn chènshān shì tā de.

8 那个 孩子 真 可爱。
Nèige háizi zhēn kě'ài.

例文7のように、数詞 "一 yī" はしばしば省略されます。

指示代名詞が目的語となるときには、"这个 zhèige" "那个 nèige" とし、"这 zhè" "那 nà" だけでは使いません。

9 我 要 这个。　　　　　　**10** 他 拿 那个。
Wǒ yào zhèige.　　　　　　　　Tā ná nèige.

■ 隔音符号（かくおんふごう）

例文8の "可爱 kě'ài" のように "a, o, e" で始まる音節が前の音節の後に続くとき、音節の切れ目を示すため、隔音符号 " ' " を付けます。

例文の和訳　　Task:**8** | 日本語を見て中国語を暗唱する（10回）

1 この、これ（単数2種）　あの、あれ（単数2種）　どの、どれ（単数2種）
2 この、これ（複数）　あの、あれ（複数）　どの、どれ（複数）
3 これはわたしのパスポートです。
4 それは弟のギターではありません。
5 この1枚の紙
6 あの2匹の猫
7 このブラウスは彼女のです。
8 あの子は本当にかわいい。
9 わたしはこれがほしい。
10 彼はそれを取る。

Unit 27
所有を表す"有"

Task:3	このユニットの内容をよく読む
Task:4	CDの音声をよく聞く (10回)
Task:5	CDの音声を聞いて中国語の例文を発音する (10回)
Task:6	CDの音声を聞かずに中国語の例文を音読する (10回)

CD 24

「持っている」という所有の意を表すには動詞"有 yǒu"を用います。

主語 + 有 yǒu + 目的語

(〜は〜を持っている)

1. 妹妹 有 一 台 笔记本 电脑。
   Mèimei yǒu yì tái bǐjìběn diànnǎo.

2. 他 有 很 多 钱。
   Tā yǒu hěn duō qián.

3. 小 陈 有 两 个 姐姐 和 一 个 哥哥。
   Xiǎo Chén yǒu liǎng ge jiějie hé yí ge gēge.

4. 你 有 女朋友 吗?
   Nǐ yǒu nǚpéngyou ma?

"个"はもともと"gè"と第4声ですが、量詞として用いられる場合は軽声になります。

新出単語 　Task:7 | 中国語とピンインをノートに書く (10回)

- 妹妹 mèimei ― 妹
- 有 yǒu ― 持っている
- 台 tái ― 〈量詞〉機械類を数える
- 笔记本电脑 bǐjìběn diànnǎo ― ノートパソコン
- 钱 qián ― 貨幣;お金
- 小 xiǎo ― 〜さん (若い人の姓の前に用いる)
- 陈 Chén ― 〈姓〉陳
- 个 ge ― 〈量詞〉個体を数える
- 姐姐 jiějie ― 姉
- 和 hé ― 〜と
- 哥哥 gēge ― 兄
- 女朋友 nǚpéngyou ― ガールフレンド

| Task:1 | 前回ユニットの復習 **Unit 26** Task:**8** |
| Task:2 | 7ユニット前の復習 **Unit 20** Task:**8** |

このユニットの学習日
（全タスクを完了した日）

□ 1回目　　年　月　日　MEMO

□ 2回目　　年　月　日　MEMO

□ 3回目　　年　月　日　MEMO

□ 4回目　　年　月　日　MEMO

例文の和訳　　Task:**8** | 日本語を見て中国語を暗唱する（10回）

1 妹はノートパソコンを1台持っている。
2 彼はお金をたくさん持っている。
3 陳さんにはふたりの姉とひとりの兄がいる。
4 あなたはガールフレンドがいますか？

Unit 28
"有"の否定

Task:3	このユニットの内容をよく読む
Task:4	CDの音声をよく聞く (10回)
Task:5	CDの音声を聞いて中国語の例文を発音する (10回)
Task:6	CDの音声を聞かずに中国語の例文を音読する (10回)

CD 25

"有 yǒu"の否定には"没有 méiyǒu"を用います。

主語 + 没有 méiyǒu + 目的語

(〜は〜を持っていない)

1. 小 李 没有 男朋友。
   Xiǎo Lǐ méiyǒu nánpéngyou.

2. 他们 没有 词典。
   Tāmen méiyǒu cídiǎn.

3. 爸爸 没有 照相机。
   Bàba méiyǒu zhàoxiàngjī.

4. 她 没有 儿子 吗?
   Tā méiyǒu érzi ma?

新出単語　　Task:7｜中国語とピンインをノートに書く (10回)

- 没有 méiyǒu — 持っていない
- 男朋友 nánpéngyou — ボーイフレンド
- 词典 cídiǎn — 辞典
- 爸爸 bàba — お父さん
- 照相机 zhàoxiàngjī — カメラ
- 儿子 érzi — 息子

| Task:1 | 前回ユニットの復習 **Unit 27** Task:**8** |
| Task:2 | 7ユニット前の復習 **Unit 21** Task:**8** |

| このユニットの学習日
(全タスクを完了した日) | □ 1回目
　　年　　月　　日
MEMO | □ 2回目
　　年　　月　　日
MEMO | □ 3回目
　　年　　月　　日
MEMO | □ 4回目
　　年　　月　　日
MEMO |

■ 辞書の活用法

　本書は初学者向けのものなので、中国語辞典を持たなくても学べる構成になっています。しかし中国語学習をスタートした時点から辞書を買い、新出単語を自分の辞書で引き直し、意味と用法を確認すると、より一層学習効果が高まります。辞書は語義（ことばの意味）の説明と用例が命で、語義の分類が過不足なくされており、適切な用例によってその語の使い方が分かるように編まれているのがいい辞書です。辞書で単語を引く際には、その語の日本語の意味を調べるだけではなく、出ている用例も全部読むようにしてください。一つの単語の項目に書かれていることをすべて読むことによって、その語の全体像をつかむことができます。その意味で、よく使われる一見簡単そうに見える助詞などを、改めて辞書を引いて読んでみることもお勧めです。例えば、"的 de"や"了 le"の項目をじっくり読んでみると必ず役に立つ説明を発見できるはずです。

　最近は紙の辞書のほかに電子辞書も多く出回っています。ＩＴ関連のものは"日新月异 rì xīn yuè yì"（日進月歩）ですから新しい機能を搭載した機種が次から次へと出てきます。音声の聞ける電子辞書は確かに中国語学習に役立ちます。

例文の和訳　　Task:**8** 日本語を見て中国語を暗唱する（10回）

- **1** 李さんはボーイフレンドがいない。
- **2** 彼らは辞典を持っていない。
- **3** お父さんはカメラを持っていない。
- **4** 彼女は息子がいないのですか？

Unit 29
年月日の言い方

中国では西暦を用い、数字を一つ一つ読みます。

1. ２００９年
   èr líng líng jiǔ nián

月の言い方は日本語と同じです。

2. 一月 二月 三月 四月 五月 六月 七月 八月 九月 十月
   yīyuè èryuè sānyuè sìyuè wǔyuè liùyuè qīyuè bāyuè jiǔyuè shíyuè
   十一月 十二月
   shíyīyuè shí'èryuè

日付は話しことばでは"号 hào"と言い、書きことばでは"日 rì"を用います。

3. 一号 二号 三号 …… 三十一号
   yī hào èr hào sān hào   sānshiyī hào

4. 几月几号?
   Jǐ yuè jǐ hào?

5. 五月二十六号。
   Wǔyuè èrshiliù hào.

例文4の"几 jǐ"は疑問詞です。Unit 46で詳しく学びます。

新出単語

- 年 nián — 年
- 一月 yīyuè — 1月
- 二月 èryuè — 2月
- 三月 sānyuè — 3月
- 四月 sìyuè — 4月
- 五月 wǔyuè — 5月
- 六月 liùyuè — 6月
- 七月 qīyuè — 7月
- 八月 bāyuè — 8月
- 九月 jiǔyuè — 9月
- 十月 shíyuè — 10月
- 十一月 shíyīyuè — 11月
- 十二月 shí'èryuè — 12月
- 号 hào — ～日
- 几 jǐ — いくつ
- 行 xíng — よろしい
- 不行 bùxíng — だめ

Task:1	前回ユニットの復習 Unit 28 Task:8
Task:2	7ユニット前の復習 Unit 22 Task:8
Task:3	28ユニット前の復習 Unit 1 Task:1

| このユニットの学習日 (全タスクを完了した日) | □ 1回目 年 月 日 MEMO | □ 2回目 年 月 日 MEMO | □ 3回目 年 月 日 MEMO | □ 4回目 年 月 日 MEMO |

■ 日常のあいさつ

よく使う表現を覚えましょう。

6 行。
   Xíng.

7 不行。
   Bùxíng.

例文の和訳　　Task:9 | 日本語を見て中国語を暗唱する (10回)

1　2009年
2　1月　2月　3月　4月　5月　6月
　　7月　8月　9月　10月　11月　12月
3　1日　2日　3日　31日
4　何月何日ですか？
5　5月26日です。
6　いいですよ。
7　だめです。

69

Unit 30
曜日の言い方

- Task: 4 | このユニットの内容をよく読む
- Task: 5 | CDの音声をよく聞く (10回)
- Task: 6 | CDの音声を聞いて中国語の例文を発音する (10回)
- Task: 7 | CDの音声を聞かずに中国語の例文を音読する (10回)

CD 27

曜日は、"星期 xīngqī"の後に月曜日から土曜日まで順番に1から6までの数字を付けて言います。ただし日曜日は"×星期七"とは言わず、"星期日 xīngqīrì"あるいは"星期天 xīngqītiān"と言います。

1

月曜日	火曜日	水曜日	木曜日	金曜日	土曜日	日曜日
星期一 xīngqīyī	星期二 xīngqī'èr	星期三 xīngqīsān	星期四 xīngqīsì	星期五 xīngqīwǔ	星期六 xīngqīliù	星期日 xīngqīrì 星期天 xīngqītiān

2 今天 星期几？
Jīntiān xīngqījǐ?

3 星期三。
Xīngqīsān.

新出単語 | Task: 8 | 中国語とピンインをノートに書く (10回)

- 星期 xīngqī — 週
- 星期一 xīngqīyī — 月曜日
- 星期二 xīngqī'èr — 火曜日
- 星期三 xīngqīsān — 水曜日
- 星期四 xīngqīsì — 木曜日
- 星期五 xīngqīwǔ — 金曜日
- 星期六 xīngqīliù — 土曜日
- 星期日 xīngqīrì — 日曜日
- 星期天 xīngqītiān — 日曜日
- 大家 dàjiā — 皆
- 早上 zǎoshang — 朝
- 晚上 wǎnshang — 夜

Task:1	前回ユニットの復習 **Unit 29** Task:**9**
Task:2	7ユニット前の復習 **Unit 23** Task:**8、9**
Task:3	28ユニット前の復習 **Unit 2** Task:**2**

| このユニットの学習日
（全タスクを完了した日） | □ 1回目
年　月　日
MEMO | □ 2回目
年　月　日
MEMO | □ 3回目
年　月　日
MEMO | □ 4回目
年　月　日
MEMO |

■ 日常のあいさつ

よく使う表現を覚えましょう。

4 大家 好。
Dàjiā hǎo.

5 早上 好。
Zǎoshang hǎo.

6 晚上 好。
Wǎnshang hǎo.

例文の和訳　　Task:9｜日本語を見て中国語を暗唱する（10回）

- **1** 月曜日　火曜日　水曜日　木曜日　金曜日
  土曜日　日曜日（2種）
- **2** 今日は何曜日ですか？
- **3** 水曜日です。
- **4** 皆さんこんにちは。
- **5** おはよう。
- **6** こんばんは。

71

Unit 31
状況語

	Task:4	このユニットの内容をよく読む
CD 28	Task:5	CDの音声をよく聞く(10回)
	Task:6	CDの音声を聞いて中国語の例文を発音する(10回)
	Task:7	CDの音声を聞かずに中国語の例文を音読する(10回)

動詞（動詞句）や形容詞（形容詞句）を修飾する語を「状況語」と言います。状況語は連用修飾語と同じです。

[状況語] + [動詞]

1. 赶快 穿 衣服
   gǎnkuài chuān yīfu

2. 痛快 地 答应
   tòngkuai de dāying

構造助詞 "地 de"

状況語であることを明示するためには例文2のように状況語と動詞の間に "地 de" を入れます。例文3は、"轻松 qīngsōng" と "愉快 yúkuài" の二つの形容詞が "过 guò" という動詞を修飾する状況語となっていることを、"地 de" によって表しています。

3. 他们 轻松 愉快 地 过 日子。
   Tāmen qīngsōng yúkuài de guò rìzi.

新出単語　　Task:8 | 中国語とピンインをノートに書く(10回)

- 赶快 gǎnkuài ― 急いで
- 穿 chuān ― 着る
- 衣服 yīfu ― 服
- 痛快 tòngkuai ― 快い
- 地 de ―〈助詞〉状況語を動詞につなぐ
- 答应 dāying ― 承諾する
- 轻松 qīngsōng ― 気軽である
- 愉快 yúkuài ― 楽しい
- 过 guò ― 過ごす；過ぎる
- 日子 rìzi ― 日
- 漂亮 piàoliang ― きれい
- 新 xīn ― 新しい
- 司机 sījī ― 運転手
- 非常 fēicháng ― 非常に；とても
- 热情 rèqíng ― 親切である；温かい
- 帮助 bāngzhù ― 助ける

72

Task:1	前回ユニットの復習 **Unit 30** Task:**9**
Task:2	7ユニット前の復習 **Unit 24** Task:**8、9**
Task:3	28ユニット前の復習 **Unit 3** Task:**2**

| このユニットの学習日
（全タスクを完了した日） | □ 1回目
年　月　日
MEMO | □ 2回目
年　月　日
MEMO | □ 3回目
年　月　日
MEMO | □ 4回目
年　月　日
MEMO |

単音節の副詞や形容詞が状況語となるときには、ふつう"地 de"を入れません。

4 她 真 漂亮。
　　Tā zhēn piàoliang.

5 他 是 新 来 的 司机。
　　Tā shì xīn lái de sījī.

２音節の副詞や形容詞などが状況語となるときには、"地 de"を入れても入れなくても、どちらでもよい場合が多いのですが、例文３や例文６のように比較的長い状況語の後には必ず"地 de"を入れます。

6 他 非常 热情 地 帮助 我。
　　Tā fēicháng rèqíng de bāngzhù wǒ.

例文の和訳　　Task:**9** | 日本語を見て中国語を暗唱する（10回）

- **1** 急いで服を着る
- **2** 快く承諾する
- **3** 彼らはリラックスして楽しく暮らしている。
- **4** 彼女は本当にきれいだ
- **5** 彼は新しく来た運転手です。
- **6** 彼はとても親切にわたしを助けてくれる。

Unit 32
"也"と"都"

	Task: 4	このユニットの内容をよく読む
CD 29	Task: 5	CDの音声をよく聞く (10回)
	Task: 6	CDの音声を聞いて中国語の例文を発音する (10回)
	Task: 7	CDの音声を聞かずに中国語の例文を音読する (10回)

状況語としてよく使われる副詞である"也 yě"と"都 dōu"の用法を学びましょう。

"也 yě"は「～も（同様に～）」という意味を表します。

1. 我 参加，他 也 参加。
   Wǒ cānjiā, tā yě cānjiā.

2. 她 也 很 难过。
   Tā yě hěn nánguò.

"都 dōu"は前に述べたことを受けて「（例外なしに、いずれも）皆」という意味を表します。

3. 父亲 每 天 都 看 报。
   Fùqin měi tiān dōu kàn bào.

4. 他们 都 有 自己 的 电脑。
   Tāmen dōu yǒu zìjǐ de diànnǎo.

"也 yě"と"都 dōu"を一緒に使うときには"也都"の語順にします。

5. 我们 也 都 担心。
   Wǒmen yě dōu dānxīn.

新出単語　　Task: 8 | 中国語とピンインをノートに書く (10回)

- 参加 cānjiā ― 参加する；出席する
- 也 yě ― ～も
- 难过 nánguò ― つらい
- 父亲 fùqin ― 父
- 每 měi ― ～ごと
- 天 tiān ― 日
- 都 dōu ― みな
- 报 bào ― 新聞
- 自己 zìjǐ ― 自分
- 电脑 diànnǎo ― コンピューター；パソコン
- 担心 dānxīn ― 心配する

☑ Task:**1**	前回ユニットの復習 **Unit 31** Task:**9**
☑ Task:**2**	7ユニット前の復習 **Unit 25** Task:**8**
☑ Task:**3**	28ユニット前の復習 **Unit 4** Task:**2〜4**

| このユニットの学習日
（全タスクを完了した日） | □ 1回目
　年　月　日
MEMO | □ 2回目
　年　月　日
MEMO | □ 3回目
　年　月　日
MEMO | □ 4回目
　年　月　日
MEMO |

例文の和訳　　☑ Task:**9** | 日本語を見て中国語を暗唱する（10回）

☑ **1** わたしは出席します。彼も出席します。
☑ **2** 彼女もとてもつらい。
☑ **3** 父は毎日新聞を読む。
☑ **4** 彼らは皆自分のパソコンを持っている。
☑ **5** わたしたちも皆心配しています。

75

Unit 33
時刻の言い方

CD 30	☐☐ Task:4	このユニットの内容をよく読む
	☐☐ Task:5	CDの音声をよく聞く (10回)
	☐☐ Task:6	CDの音声を聞いて中国語の例文を発音する (10回)
	☐☐ Task:7	CDの音声を聞かずに中国語の例文を音読する (10回)

「～時」は"点 diǎn"、「～分」は"分 fēn"です。

☐☐ 1　一 点 （零） 二 分
　　　　yì diǎn　(líng)　èr fēn

例文1の"零 líng"は省略されることがあります。

☐☐ 2　两 点
　　　　liǎng diǎn

☐☐ 3　三 点 十五 分
　　　　sān diǎn shíwǔ fēn
　　　三 点 一 刻
　　　sān diǎn yí kè

☐☐ 4　六 点 三十 分
　　　　liù diǎn sānshí fēn
　　　六 点 半
　　　liù diǎn bàn

☐☐ 5　七 点 四十五 分
　　　　qī diǎn sìshiwǔ fēn
　　　七 点 三 刻
　　　qī diǎn sān kè

新出単語　☐☐ Task:8 | 中国語とピンインをノートに書く (10回)

- ☐☐ 点 diǎn — ～時
- ☐☐ 零 líng — 次に端数が来ることを表す数詞
- ☐☐ 分 fēn — ～分
- ☐☐ 刻 kè — 15分
- ☐☐ 半 bàn — 半
- ☐☐ 差 chà — 足りない
- ☐☐ 现在 xiànzài — 現在；いま
- ☐☐ 钟 zhōng — "点 diǎn"などの後ろに付いて時間を表す

☑ Task:1	前回ユニットの復習 **Unit 32** Task:**9**
☑ Task:2	7ユニット前の復習 **Unit 26** Task:**8**
☑ Task:3	28ユニット前の復習 **Unit 5** Task:**2〜4**

| このユニットの学習日
(全タスクを完了した日) | ☐ 1回目
年　月　日
MEMO | ☐ 2回目
年　月　日
MEMO | ☐ 3回目
年　月　日
MEMO | ☐ 4回目
年　月　日
MEMO |

6
八 点 五十七 分
bā diǎn wǔshíqī fēn
差 三 分 九 点
chà sān fēn jiǔ diǎn

　時刻であることをはっきり言うために"十点钟 shí diǎn zhōng"のように"钟 zhōng"を付けることもあります。"刻 kè"は"一刻 yí kè"(15分) と"三刻 sān kè"(45分) にのみ用います。"差 chà"は「足りない」という意味で、「〜分前」の「前」に相当する言い方です。

7
现在 几 点 钟?
Xiànzài jǐ diǎn zhōng?

8
十一 点 二十五 分。
Shíyī diǎn èrshíwǔ fēn.

例文の和訳　　☑ Task:**9** | 日本語を見て中国語を暗唱する (10回)

- ☑ **1** 1:02
- ☑ **2** 2:00
- ☑ **3** 3:15(2種)
- ☑ **4** 6:30(2種)
- ☑ **5** 7:45(2種)
- ☑ **6** 8:57(2種)
- ☑ **7** いま何時ですか?
- ☑ **8** 11時25分です。

Unit 34
介詞

- Task: 4 | このユニットの内容をよく読む
- Task: 5 | CDの音声をよく聞く (10回)
- Task: 6 | CDの音声を聞いて中国語の例文を発音する (10回)
- Task: 7 | CDの音声を聞かずに中国語の例文を音読する (10回)

CD 31

目的語をその後ろの動詞 (動詞句) や形容詞 (形容詞句) に紹介する役割を果たす語を「介詞」と言います。

| 介詞 | + | 目的語 | + | 動詞／動詞句 |

1. **给** 妈妈 打 电话
   gěi māma dǎ diànhuà

2. **在** 医院 看病
   zài yīyuàn kànbìng

介詞は元来、動詞であった語が次第に動詞性が薄れて、「〜に」という対象や「〜で」という場所などを表す日本語の助詞のようになったものです。

"给 gěi" の動詞としての用法

3. 给 我 一 杯 红茶。
   Gěi wǒ yì bēi hóngchá.

新出単語　　Task: 8 | 中国語とピンインをノートに書く (10回)

- 给 gěi ― 〜に (「与える」の意の動詞としての用法もある)
- 打 dǎ ― (電話を)掛ける
- 电话 diànhuà ― 電話
- 在 zài ― 〜で (「いる」という意の動詞としての用法もある)
- 医院 yīyuàn ― 病院
- 看病 kànbìng ― 診察する；診察を受ける
- 红茶 hóngchá ― 紅茶
- 会议室 huìyìshì ― 会議室

☑☑ Task:**1**	前回ユニットの復習 **Unit 33** Task:**9**
☑☑ Task:**2**	7ユニット前の復習 **Unit 27** Task:**8**
☑☑ Task:**3**	28ユニット前の復習 **Unit 6** Task:**2、3**

| このユニットの学習日
(全タスクを完了した日) | □ 1回目
　年　月　日
MEMO | □ 2回目
　年　月　日
MEMO | □ 3回目
　年　月　日
MEMO | □ 4回目
　年　月　日
MEMO |

"在 zài" の動詞としての用法

☑☑ 4

他 在 会议室。
Tā zài huìyìshì.

　例文3の"给 gěi"は「与える」、例文4の"在 zài"は「存在する」の意を表す動詞として使われています。

例文の和訳　　☑☑ Task:**9** | 日本語を見て中国語を暗唱する (10回)

☑☑ **1** お母さんに電話する
☑☑ **2** 病院で診察を受ける
☑☑ **3** 紅茶を1杯ください。
☑☑ **4** 彼は会議室にいる。

Unit 35
よく使われる介詞："从""离"

CD 32	Task:4 このユニットの内容をよく読む
	Task:5 CDの音声をよく聞く (10回)
	Task:6 CDの音声を聞いて中国語の例文を発音する (10回)
	Task:7 CDの音声を聞かずに中国語の例文を音読する (10回)

ここでは常用の介詞 "从 cóng" と "离 lí" の用法を学びます。

"从 cóng"：「～から」という起点を表す

1. 我们 从 上午 九 点 到 下午 五 点 上班。
Wǒmen cóng shàngwǔ jiǔ diǎn dào xiàwǔ wǔ diǎn shàngbān.

2. 今天 从 第 八 课 开始 学习。
Jīntiān cóng dì bā kè kāishǐ xuéxí.

"离 lí"：「～まで」「～から」という隔たりを表す

3. 那 家 百货 商店 离 车站 很 近。
Nà jiā bǎihuò shāngdiàn lí chēzhàn hěn jìn.

4. 离 暑假 有 十 天。
Lí shǔjià yǒu shí tiān.

新出単語　　　Task:8 中国語とピンインをノートに書く (10回)

- 从 cóng — ～から
- 上午 shàngwǔ — 午前
- 到 dào — ～まで；到達する
- 下午 xiàwǔ — 午後
- 上班 shàngbān — 仕事をする；勤務につく
- 第 dì — 第
- 课 kè — 課
- 开始 kāishǐ — 始める；始まる
- 家 jiā —〈量詞〉商店などを数える
- 百货商店 bǎihuò shāngdiàn — デパート
- 离 lí — ～から
- 车站 chēzhàn — 駅；バス停
- 近 jìn — 近い
- 暑假 shǔjià — 夏休み

Task:1	前回ユニットの復習 Unit 34 Task:9
Task:2	7ユニット前の復習 Unit 28 Task:8
Task:3	28ユニット前の復習 Unit 7 Task:2、3

| このユニットの学習日
(全タスクを完了した日) | □ 1回目
年 月 日
MEMO | □ 2回目
年 月 日
MEMO | □ 3回目
年 月 日
MEMO | □ 4回目
年 月 日
MEMO |

■ "二 èr" と "两 liǎng"

　数字の「2」は漢字で書けば"二"、発音は"èr"で、"一加一等于二。 Yī jiā yī děngyú èr."（1足す1は2。）のように言います。しかし、「ひとつ、ふたつ、みっつ……」と物を数えるときは、"一个 yí ge、两个 liǎng ge、三个 sān ge……"のように「ふたつ」は"两个 liǎng ge"を使い、"×二个"とは言いません。もちろん名詞によって量詞を使い分けますから、「2足の靴」は"两双鞋 liǎng shuāng xié"となります。"二个"を用いるのは"第二个人 dì èr ge rén"（二番目の人）というように序数を表す場合です。日付の「2日」は"二号 èr hào"で日数の「2日」は"两天 liǎng tiān"となります。

　度量衡の単位はふつう"两 liǎng"を使って、"两吨 liǎng dūn"（2トン）、"两米 liǎng mǐ"（2メートル）と言いますが、中国の伝統的な度量衡単位では"二"を使う場合が多く、"二尺 èr chǐ"（2尺［約66センチメートル］）、"二斤 èr jīn"（2斤［1キログラム］）のように言います。

例文の和訳　　Task:9 | 日本語を見て中国語を暗唱する (10回)

1　わたしたちは午前9時から午後5時まで働いています。
2　今日は第8課から(勉強を)始めます。
3　そのデパートは駅から近い。
4　夏休みまで10日ある。

Unit 36
よく使われる介詞:"对""为(了)"

CD 33	Task:4 | このユニットの内容をよく読む
	Task:5 | CDの音声をよく聞く (10回)
	Task:6 | CDの音声を聞いて中国語の例文を発音する (10回)
	Task:7 | CDの音声を聞かずに中国語の例文を音読する (10回)

ここでは常用の介詞"对 duì"と"为(了) wèi(le)"の用法を学びます。

"对 duì":「～に」という対象を表す

1. 我 对 您 表示 感谢。
   Wǒ duì nín biǎoshì gǎnxiè.

2. 她 对 中国 历史 感 兴趣。
   Tā duì Zhōngguó lìshǐ gǎn xìngqù.

"为(了) wèi(le)":「～のために」という目的を表す

3. 为 大家 的 健康 干杯!
   Wèi dàjiā de jiànkāng gānbēi!

4. 他们 为了 实现 目标 努力 工作。
   Tāmen wèile shíxiàn mùbiāo nǔlì gōngzuò.

新出単語　Task:8 | 中国語とピンインをノートに書く (10回)

- 对 duì — ～に
- 表示 biǎoshì — 表す
- 感谢 gǎnxiè — 感謝
- 中国 Zhōngguó — 中国
- 历史 lìshǐ — 歴史
- 感 gǎn — 感じる
- 兴趣 xìngqù — 興味
- 为(了) wèi(le) — ～のために
- 健康 jiànkāng — 健康
- 干杯 gānbēi — 乾杯する
- 实现 shíxiàn — 実現する
- 目标 mùbiāo — 目標
- 努力 nǔlì — 努力する
- 工作 gōngzuò — 働く

☑ Task:**1**	前回ユニットの復習 **Unit 35** Task:**9**
☑ Task:**2**	7ユニット前の復習 **Unit 29** Task:**9**
☑ Task:**3**	28ユニット前の復習 **Unit 8** Task:**3、4**

| このユニットの学習日
（全タスクを完了した日） | ☐ 1回目
　年　月　日
MEMO | ☐ 2回目
　年　月　日
MEMO | ☐ 3回目
　年　月　日
MEMO | ☐ 4回目
　年　月　日
MEMO |

例文の和訳　　☑ Task:**9** | 日本語を見て中国語を暗唱する（10回）

☑ **1** わたしはあなたにお礼を申し上げます。
☑ **2** 彼女は中国の歴史に興味がある。
☑ **3** 皆さまの健康のために乾杯！
☑ **4** 彼らは目標を実現するために一生懸命働いている。

Unit 37
場所を表す代名詞

	Task:4	このユニットの内容をよく読む
CD 34	Task:5	CDの音声をよく聞く (10回)
	Task:6	CDの音声を聞いて中国語の例文を発音する (10回)
	Task:7	CDの音声を聞かずに中国語の例文を音読する (10回)

「ここ」「そこ」「どこ」は次のように言います。

1 近称 (ここ)	2 遠称 (そこ)	3 疑問 (どこ)
这儿 zhèr	那儿 nàr	哪儿 nǎr
这里 zhèli	那里 nàli	哪里 nǎli

"这儿 zhèr、那儿 nàr、哪儿 nǎr" は話しことばで用い、"这里 zhèli、那里 nàli、哪里 nǎli" は話しことばにも書きことばにも用います。"哪里" は実際には "náli" と発音します。

4 这儿 是 他们 俩 经常 约会 的 地方。
　 Zhèr shì tāmen liǎ jīngcháng yuēhuì de dìfang.

5 他 对 那里 的 情况 非常 熟悉。
　 Tā duì nàli de qíngkuàng fēicháng shúxi.

新出単語　　Task:8 | 中国語とピンインをノートに書く (10回)

- 这儿 zhèr — ここ
- 这里 zhèli — ここ
- 那儿 nàr — そこ
- 那里 nàli — そこ
- 哪儿 nǎr — どこ
- 哪里 nǎli — どこ
- 俩 liǎ — ふたり
- 经常 jīngcháng — よく；しょっちゅう
- 约会 yuēhuì — デートする
- 情况 qíngkuàng — 状況；様子
- 熟悉 shúxi — よく知っている；詳しい

84

☑ Task:**1**	前回ユニットの復習 **Unit 36** Task:**9**			
☑ Task:**2**	7ユニット前の復習 **Unit 30** Task:**9**			
☑ Task:**3**	28ユニット前の復習 **Unit 9** Task:**3〜6**			

このユニットの学習日
（全タスクを完了した日）

- ☐ 1回目　年　月　日　MEMO
- ☐ 2回目　年　月　日　MEMO
- ☐ 3回目　年　月　日　MEMO
- ☐ 4回目　年　月　日　MEMO

例文の和訳　☑ Task:**9** | 日本語を見て中国語を暗唱する（10回）

- ☑ **1** ここ（2種）
- ☑ **2** そこ（2種）
- ☑ **3** どこ（2種）
- ☑ **4** ここは彼らふたりがよくデートをするところです。
- ☑ **5** 彼はあそこのことにとても詳しい。

Unit 38
方位詞

CD 35	☑☑ Task:4 ｜ このユニットの内容をよく読む
	☑☑ Task:5 ｜ CDの音声をよく聞く (10回)
	☑☑ Task:6 ｜ CDの音声を聞いて中国語の例文を発音する (10回)
	☑☑ Task:7 ｜ CDの音声を聞かずに中国語の例文を音読する (10回)

方向や位置を表す語を「方位詞(ほういし)」と言います。

☑☑ 1

ひがし	みなみ	にし	きた
东（边） dōng(bian)	南（边） nán(bian)	西（边） xī(bian)	北（边） běi(bian)

☑☑ 2

うえ	した
上（边） shàng(bian)	下（边） xià(bian)

☑☑ 3

まえ	うしろ
前（边） qián(bian)	后（边） hòu(bian)

新出単語　☑☑ Task:8 ｜ 中国語とピンインをノートに書く (10回)

☑☑ 东(边) dōng(bian) — ひがし　　☑☑ 下(边) xià(bian) — した
☑☑ 南(边) nán(bian) — みなみ　　☑☑ 前(边) qián(bian) — まえ
☑☑ 西(边) xī(bian) — にし　　　　☑☑ 后(边) hòu(bian) — うしろ
☑☑ 北(边) běi(bian) — きた　　　　☑☑ 右(边) yòu(bian) — みぎ
☑☑ 上(边) shàng(bian) — うえ

Task:1	前回ユニットの復習 **Unit 37** Task:**9**
Task:2	7ユニット前の復習 **Unit 31** Task:**9**
Task:3	28ユニット前の復習 **Unit 10** Task:**3~6**

| このユニットの学習日
（全タスクを完了した日） | □ 1回目
年　月　日
MEMO | □ 2回目
年　月　日
MEMO | □ 3回目
年　月　日
MEMO | □ 4回目
年　月　日
MEMO |

4

ひだり	みぎ
左（边） zuǒ(bian)	右（边） yòu(bian)

5

なか	そと
里（边） lǐ(bian)	外（边） wài(bian)

　方位詞を単独で使う場合は接尾語 "边 bian" などを付けますが、他の名詞の後に付ける場合は、"桌子上 zhuōzi shang"（机のうえ）などのように接尾語を省略し、軽く発音します。

例文の和訳　　Task:9 | 日本語を見て中国語を暗唱する（10回）

- **1** ひがし　みなみ　にし　きた　（各2種）
- **2** うえ　した　（各2種）
- **3** まえ　うしろ　（各2種）
- **4** ひだり　みぎ　（各2種）
- **5** なか　そと　（各2種）

Unit 39
存在を表す"有"

- Task:4 | このユニットの内容をよく読む
- Task:5 | CDの音声をよく聞く (10回)
- Task:6 | CDの音声を聞いて中国語の例文を発音する (10回)
- Task:7 | CDの音声を聞かずに中国語の例文を音読する (10回)

CD 36

"有 yǒu"には所有のほかに存在を表す用法もあります。

場所 + 有 yǒu + 事物(人)

(～には～がある)

1. 冰箱 里 有 一 盒 鸡蛋。
   Bīngxiāng li yǒu yì hé jīdàn.

2. 动物园 里 有 一 只 熊猫。
   Dòngwùyuán li yǒu yì zhī xióngmāo.

3. 饭馆 里 有 五十 多 个 客人。
   Fànguǎn li yǒu wǔshí duō ge kèren.

4. 这 附近 没有 图书馆。
   Zhè fùjìn méiyǒu túshūguǎn.

「～のなか」という場所を明示するために"里 li"を付けます。

新出単語　　　Task:8 | 中国語とピンインをノートに書く (10回)

- 冰箱 bīngxiāng — 冷蔵庫
- 盒 hé — 箱
- 鸡蛋 jīdàn — 卵
- 动物园 dòngwùyuán — 動物園
- 熊猫 xióngmāo — パンダ
- 饭馆 fànguǎn — レストラン
- 多 duō — ～余り
- 客人 kèren — 客
- 附近 fùjìn — 付近
- 图书馆 túshūguǎn — 図書館

☑ Task:**1**	前回ユニットの復習 **Unit 38** Task:**9**
☑ Task:**2**	7ユニット前の復習 **Unit 32** Task:**9**
☑ Task:**3**	28ユニット前の復習 **Unit 11** Task:**3〜5**

| このユニットの学習日
（全タスクを完了した日） | ☐ 1回目
　年　月　日
MEMO | ☐ 2回目
　年　月　日
MEMO | ☐ 3回目
　年　月　日
MEMO | ☐ 4回目
　年　月　日
MEMO |

例文の和訳　　☑ Task:**9** | 日本語を見て中国語を暗唱する（10回）

☑ **1** 冷蔵庫に1ケースの卵がある。

☑ **2** 動物園には1頭のパンダがいる。

☑ **3** レストランには50人余りのお客さんがいる。

☑ **4** この付近に図書館はない。

Unit 40
存在を表す"在"

CD 37	☑☑ Task:4	このユニットの内容をよく読む
	☑☑ Task:5	CDの音声をよく聞く (10回)
	☑☑ Task:6	CDの音声を聞いて中国語の例文を発音する (10回)
	☑☑ Task:7	CDの音声を聞かずに中国語の例文を音読する (10回)

動詞"在 zài"は「ある」「いる」という存在の意を表します。

事物(人) + 在 zài + 場所

(~は~にある [／いる])

☑☑1 银行 在 学校 旁边。
　　 Yínháng zài xuéxiào pángbiān.

☑☑2 孔 经理 在 办公室。
　　 Kǒng jīnglǐ zài bàngōngshì.

☑☑3 你 母亲 在 家 吗?
　　 Nǐ mǔqin zài jiā ma?

☑☑4 厕所 不 在 二 楼。
　　 Cèsuǒ bú zài èr lóu.

新出単語　　☑☑ Task:8 | 中国語とピンインをノートに書く (10回)

- ☑☑ 银行 yínháng — 銀行
- ☑☑ 在 zài — ある；いる
- ☑☑ 学校 xuéxiào — 学校
- ☑☑ 旁边 pángbiān — そば
- ☑☑ 孔 Kǒng — 〈姓〉孔
- ☑☑ 经理 jīnglǐ — 社長；支配人
- ☑☑ 办公室 bàngōngshì — オフィス
- ☑☑ 母亲 mǔqin — 母
- ☑☑ 家 jiā — 家
- ☑☑ 厕所 cèsuǒ — トイレ
- ☑☑ 楼 lóu — 階

Task:1	前回ユニットの復習 **Unit 39** Task:**9**
Task:2	7ユニット前の復習 **Unit 33** Task:**9**
Task:3	28ユニット前の復習 **Unit 12** Task:**3〜5**

| このユニットの学習日 (全タスクを完了した日) | □ 1回目 年 月 日 MEMO | □ 2回目 年 月 日 MEMO | □ 3回目 年 月 日 MEMO | □ 4回目 年 月 日 MEMO |

■ 中国語のなかの外来語

　日本語は外来語を「ラジオ」「テレビ」のように片仮名で表記しますが、中国語は外来語も基本的には漢字のみで表記します。漢字は一つ一つが意味を持っていますから外来語は意訳される場合が多く、「ハードウェア」は"硬件 yìngjiàn"、「ソフトウェア」は"软件 ruǎnjiàn"となります。"热狗 règǒu"は「熱い犬」の意で「ホットドッグ」のことです。音訳された外来語には"巧克力 qiǎokèlì"（チョコレート）や"威士忌 wēishìjì"（ウイスキー）などがあります。原語の音や意味とその物の属性を組み合わせた語もあり、"网吧 wǎngbā"（ネットカフェ）や"鸡尾酒 jīwěijiǔ"（カクテル）などがその例です。

　時刻の「15分」を"刻 kè"と言うことがあります。この語は「時刻」の「刻」ですから、一見するともともとの中国語だと思ってしまいますが、実は「4分の1」を表す英語の *quarter* の音から来たと言われています。"三刻 sān kè"は *three quarters* すなわち「4分の3」ですから「45分」という意味で使われます。

例文の和訳　　Task:**9** | 日本語を見て中国語を暗唱する (10回)

1 銀行は学校のそばにある。
2 孔社長はオフィスにいる。
3 あなたのお母さんは家にいますか？
4 トイレは2階にはありません。

Unit 41
存在を表す"有"と"在"の違い

Task:4	このユニットの内容をよく読む
Task:5	CDの音声をよく聞く (10回)
Task:6	CDの音声を聞いて中国語の例文を発音する (10回)
Task:7	CDの音声を聞かずに中国語の例文を音読する (10回)

CD 38

「どこどこに何々がある」というときは、「場所+"有 yǒu"+事物（人）」、「何々はどこどこにある」というときは、「事物（人）+"在 zài"+場所」の語順になります。

1 桌子 上 有 一 本 书。
　Zhuōzi shang yǒu yì běn shū.

2 那 本 书 在 桌子 上。
　Nà běn shū zài zhuōzi shang.

3 会议室 里 有 很 多 人。
　Huìyìshì li yǒu hěn duō rén.

4 曹 小姐 在 客厅 里。
　Cáo xiǎojie zài kètīng li.

"有 yǒu"を用いる文と"在 zài"を用いる文では、語順の違いのほかに、「事物」の性質も異なります。"有 yǒu"の後に置かれる「事物（人）」は「不特定のもの」であるのに対し、"在 zài"の前に置かれる「事物（人）」は「特定のもの」です。

"一本书 yì běn shū"や"很多人 hěn duō rén"は「不特定のもの」ですが、"那本书 nà běn shū"や"曹小姐 Cáo xiǎojie"は「特定のもの」です。

新出単語　Task:8 | 中国語とピンインをノートに書く (10回)

- 桌子 zhuōzi — 机
- 本 běn —〈量詞〉本の類を数える
- 书 shū — 本
- 人 rén — 人
- 曹 Cáo —〈姓〉曹
- 小姐 xiǎojie — ～さん（若い女性に対して用いる）
- 客厅 kètīng — 応接間

| Task:1 | 前回ユニットの復習 **Unit 40** Task:**9**
| Task:2 | 7ユニット前の復習 **Unit 34** Task:**9**
| Task:3 | 28ユニット前の復習 **Unit 13** Task:**8、9**

| このユニットの学習日
(全タスクを完了した日) | □ 1回目
年　月　日
MEMO | □ 2回目
年　月　日
MEMO | □ 3回目
年　月　日
MEMO | □ 4回目
年　月　日
MEMO |

例文の和訳　　Task:9 | 日本語を見て中国語を暗唱する (10回)

1 机の上に1冊の本がある。
2 その本は机の上にある。
3 会議室には多くの人がいる。
4 曹さんは応接間にいます。

Unit 42
"吧"を用いる疑問文

	Task:4	このユニットの内容をよく読む
CD 39	Task:5	CDの音声をよく聞く (10回)
	Task:6	CDの音声を聞いて中国語の例文を発音する (10回)
	Task:7	CDの音声を聞かずに中国語の例文を音読する (10回)

相手が「そうだ」と肯定の答えをするであろうと予想して尋ねる場合、文末に語気助詞"吧 ba"を用います。

1. 你 父亲 很 忙 吧?
   Nǐ fùqin hěn máng ba?

2. 对, 他 很 忙。
   Duì, tā hěn máng.

3. 您 是 陈 先生 吧?
   Nín shì Chén xiānsheng ba?

4. 你们 都 喜欢 吃 中国菜 吧?
   Nǐmen dōu xǐhuan chī Zhōngguócài ba?

5. 他 大概 不 来 吧?
   Tā dàgài bù lái ba?

新出単語 — Task:8 | 中国語とピンインをノートに書く (10回)

- 忙 máng — 忙しい
- 吧 ba — 〈助詞〉推量の語気を表す
- 对 duì — その通りである;正しい
- 先生 xiānsheng — ~さん(主に男性に対して用いる)
- 喜欢 xǐhuan — 好く;好む
- 中国菜 Zhōngguócài — 中華料理
- 大概 dàgài — たぶん

Task:1	前回ユニットの復習 **Unit 41** Task:**9**
Task:2	7ユニット前の復習 **Unit 35** Task:**9**
Task:3	28ユニット前の復習 **Unit 14** Task:**8~10**

このユニットの学習日（全タスクを完了した日）
- □ 1回目　年　月　日　MEMO
- □ 2回目　年　月　日　MEMO
- □ 3回目　年　月　日　MEMO
- □ 4回目　年　月　日　MEMO

例文の和訳　　Task:9 | 日本語を見て中国語を暗唱する（10回）

1 あなたのお父さんはとてもお忙しいのでしょう？
2 はい、彼はとても忙しいです。
3 あなたは陳さんでしょう？
4 あなたたちは皆中華料理が好きでしょう？
5 彼はたぶん来ないでしょう？

Unit 43
"呢"を用いる疑問文

CD 40

- Task: 4 | このユニットの内容をよく読む
- Task: 5 | CDの音声をよく聞く (10回)
- Task: 6 | CDの音声を聞いて中国語の例文を発音する (10回)
- Task: 7 | CDの音声を聞かずに中国語の例文を音読する (10回)

文末に"呢 ne"を用いて「〜は？」という省略疑問文を作ることができます。

1. 我 喜欢 滑冰，你 呢？
   Wǒ xǐhuan huábīng, nǐ ne?

2. 我 也 喜欢。
   Wǒ yě xǐhuan.

3. 我 的 手机 呢？
   Wǒ de shǒujī ne?

4. 在 桌子 上 呢。
   Zài zhuōzi shang ne.

例文4の答えの"呢 ne"は「〜ですよ」という確認の語気を表しています。

5. 他 明白，你 呢？
   Tā míngbai, nǐ ne?

6. 我 的 课本 呢？
   Wǒ de kèběn ne?

新出単語　　Task: 8 | 中国語とピンインをノートに書く (10回)

- 滑冰 huábīng ― アイススケートをする
- 呢 ne ―〈助詞〉省略疑問文を作る；確認や疑問の語気を表す
- 手机 shǒujī ― 携帯電話
- 明白 míngbai ― 分かる
- 课本 kèběn ― 教科書

| Task:1 | 前回ユニットの復習 **Unit 42** Task: **9**
| Task:2 | 7ユニット前の復習 **Unit 36** Task: **9**
| Task:3 | 28ユニット前の復習 **Unit 15** Task: **8**

このユニットの学習日（全タスクを完了した日）

- □ 1回目　年　月　日　MEMO
- □ 2回目　年　月　日　MEMO
- □ 3回目　年　月　日　MEMO
- □ 4回目　年　月　日　MEMO

例文の和訳

Task:9 | 日本語を見て中国語を暗唱する（10回）

1 わたしはスケートが好きですが、あなたは？
2 わたしも好きです。
3 わたしの携帯電話は？
4 机の上にありますよ。
5 彼は分かったけれど、あなたは？
6 わたしの教科書は？

97

Unit 44
反復疑問文

CD 41	☑☑ Task:4	このユニットの内容をよく読む
	☑☑ Task:5	CDの音声をよく聞く (10回)
	☑☑ Task:6	CDの音声を聞いて中国語の例文を発音する (10回)
	☑☑ Task:7	CDの音声を聞かずに中国語の例文を音読する (10回)

　述語の肯定形と否定形を並べた疑問文が反復疑問文で、相手に肯定と否定どちらなのかを問いただす場合に用います。文末に"吗 ma"を付けてはいけません。肯定形と否定形の間に置かれる"不"は軽声に発音します。

☑☑ 1 你 饿 不 饿?
　　　Nǐ è bu è?

☑☑ 2 我 很 饿。
　　　Wǒ hěn è.

☑☑ 3 我 不 饿。
　　　Wǒ bú è.

☑☑ 4 这 种 葡萄酒 好喝 不 好喝?
　　　Zhè zhǒng pútaojiǔ hǎohē bu hǎohē?

☑☑ 5 不 太 好喝。
　　　Bú tài hǎohē.

動詞が目的語を取るとき、二通りの語順が可能です。

| 動詞の肯定形 | + | 動詞の否定形 | + | 目的語 | ? |

新出単語　☑☑ Task:8 | 中国語とピンインをノートに書く (10回)

☑☑ 饿 è ― おなかがへっている
☑☑ 种 zhǒng ― 〈量詞〉種類を数える
☑☑ 葡萄酒 pútaojiǔ ― ワイン
☑☑ 好喝 hǎohē ― (飲み物が)おいしい
☑☑ 电子词典 diànzǐ cídiǎn ― 電子辞書
☑☑ 了解 liǎojiě ― 分かる;理解する
☑☑ 心情 xīnqíng ― 気持ち

Task:1	前回ユニットの復習 Unit 43 Task:9
Task:2	7ユニット前の復習 Unit 37 Task:9
Task:3	28ユニット前の復習 Unit 16 Task:8

このユニットの学習日（全タスクを完了した日）

- □ 1回目　年　月　日　MEMO
- □ 2回目　年　月　日　MEMO
- □ 3回目　年　月　日　MEMO
- □ 4回目　年　月　日　MEMO

6 你 有 没有 电子 词典？
Nǐ yǒu méiyǒu diànzǐ cídiǎn?

動詞の肯定形 ＋ 目的語 ＋ 動詞の否定形 ？

7 你 了解 我 的 心情 不 了解？
Nǐ liǎojiě wǒ de xīnqíng bù liǎojiě?

例文の和訳　　Task:9 | 日本語を見て中国語を暗唱する（10回）

- **1** あなたはおなかがすいていますか？
- **2** わたしはおなかがすいています。
- **3** わたしはおなかがすいていません。
- **4** このワインはおいしいですか？
- **5** あまりおいしくありません。
- **6** あなたは電子辞書を持っていますか？
- **7** あなたはわたしの気持ちが分かりますか？

Unit 45
疑問詞を用いる疑問文

CD 42
- Task:4｜このユニットの内容をよく読む
- Task:5｜CDの音声をよく聞く（10回）
- Task:6｜CDの音声を聞いて中国語の例文を発音する（10回）
- Task:7｜CDの音声を聞かずに中国語の例文を音読する（10回）

　日本語と同様に、尋ねたい部分に疑問詞を使います。疑問詞を使った疑問文は文末に"吗 ma"を付けません。代表的な疑問詞の用法を学びましょう。

什么 shénme（なに）

1. 这是什么？
Zhè shì shénme?

2. 这是包子。
Zhè shì bāozi.

谁 shéi（だれ）

3. 你跟谁一起去？
Nǐ gēn shéi yìqǐ qù?

4. 我跟同事一起去。
Wǒ gēn tóngshì yìqǐ qù.

怎么 zěnme（どのように）

5. 去新宿怎么走？
Qù Xīnsù zěnme zǒu?

怎么 zěnme（どうして）

6. 你怎么不说话呢？
Nǐ zěnme bù shuō huà ne?

新出単語 ｜ Task:8｜中国語とピンインをノートに書く（10回）

- 什么 shénme — 何
- 包子 bāozi — 中華まん
- 跟 gēn — ～と
- 谁 shéi — 誰
- 一起 yìqǐ — 一緒
- 同事 tóngshì — 同僚
- 新宿 Xīnsù — 新宿
- 怎么 zěnme — どのように；どうして
- 话 huà — 話；ことば
- 为什么 wèi shénme — なぜ
- 准备 zhǔnbèi — 準備する
- 考试 kǎoshì — 試験
- 时候 shíhou — とき
- 名字 míngzi — 名前

Task:1	前回ユニットの復習 **Unit 44** Task:**9**
Task:2	7ユニット前の復習 **Unit 38** Task:**9**
Task:3	28ユニット前の復習 **Unit 17** Task:**8、9**

このユニットの学習日（全タスクを完了した日）

- □ 1回目　年　月　日　MEMO
- □ 2回目　年　月　日　MEMO
- □ 3回目　年　月　日　MEMO
- □ 4回目　年　月　日　MEMO

为什么 wèi shénme（なぜ）

7 为什么?
Wèi shénme?

8 你为什么不准备考试?
Nǐ wèi shénme bù zhǔnbèi kǎoshì?

哪儿 nǎr（どこ）

9 厕所在哪儿?
Cèsuǒ zài nǎr?

■ "什么 shénme" ＋名詞

"什么 shénme" と名詞を組み合わせて「なにの〜」という意味を表します。

10 什么 地方
shénme dìfang

11 什么 时候
shénme shíhou

12 什么 名字
shénme míngzi

例文の和訳　　Task:9｜日本語を見て中国語を暗唱する（10回）

- 1 これは何ですか？
- 2 これは中華まんです。
- 3 あなたは誰と一緒に行くのですか？
- 4 わたしは同僚と一緒に行きます。
- 5 新宿へはどう行くのですか？
- 6 あなたはどうして話さないの？
- 7 なぜですか？
- 8 君はなぜ試験の準備をしないの？
- 9 トイレはどこにありますか？
- 10 どこ
- 11 いつ
- 12 何という名前

101

Unit 46
疑問詞 "几" と "多少"

CD 43	Task: 4	このユニットの内容をよく読む
	Task: 5	CDの音声をよく聞く (10回)
	Task: 6	CDの音声を聞いて中国語の例文を発音する (10回)
	Task: 7	CDの音声を聞かずに中国語の例文を音読する (10回)

"几 jǐ" は返って来る答えが小さい数（一般的には10以下の数）であることを予想して「いくつ」と尋ねるときに用います。"多少 duōshao" は数の大小に関わりなく用いることができます。

1. 小朋友，你几岁了?
   Xiǎopéngyǒu, nǐ jǐ suì le?

2. 五岁。
   Wǔ suì.

3. 这条围巾多少钱?
   Zhè tiáo wéijīn duōshao qián?

4. 一百八十块钱。
   Yìbǎi bāshí kuài qián.

"几 jǐ" と名詞の間には量詞を必ず入れますが、"多少 duōshao" と名詞の間には量詞を入れても入れなくてもかまいません。

5. 你家有几口人?
   Nǐ jiā yǒu jǐ kǒu rén?

6. 我家有四口人。
   Wǒ jiā yǒu sì kǒu rén.

新出単語　Task: 8 | 中国語とピンインをノートに書く (10回)

- 小朋友 xiǎopéngyou — 坊や；お嬢ちゃん（子どもに対する呼びかけ）
- 岁 suì — 歳
- 了 le — 〈助詞〉変化や断定、および実現の語気を表す
- 围巾 wéijīn — マフラー
- 多少 duōshao — どのくらい
- 块 kuài — 元（中国の貨幣単位）
- 口 kǒu — 〈量詞〉人口を数える
- 班 bān — クラス

Task:1	前回ユニットの復習 **Unit 45** Task:**9**
Task:2	7ユニット前の復習 **Unit 39** Task:**9**
Task:3	28ユニット前の復習 **Unit 18** Task:**8**

このユニットの学習日（全タスクを完了した日）

- □ 1回目　　年　月　日　MEMO
- □ 2回目　　年　月　日　MEMO
- □ 3回目　　年　月　日　MEMO
- □ 4回目　　年　月　日　MEMO

7 你们 班 有 多少 人？
Nǐmen bān yǒu duōshao rén?

8 我们 班 有 二十 个 人。
Wǒmen bān yǒu èrshí ge rén.

例文の和訳　　Task:9 | 日本語を見て中国語を暗唱する（10回）

1 坊や、君いくつ？
2 5歳。
3 このマフラーはいくらですか？
4 180元です。
5 あなたの家は何人家族ですか？
6 わが家は4人家族です。
7 あなたたちのクラスは何人ですか？
8 わたしたちのクラスは20人います。

103

Unit 47
金額の言い方

	Task:4	このユニットの内容をよく読む
CD 44	Task:5	CDの音声をよく聞く (10回)
	Task:6	CDの音声を聞いて中国語の例文を発音する (10回)
	Task:7	CDの音声を聞かずに中国語の例文を音読する (10回)

中国の貨幣である"人民币 rénmínbì"（人民元）の単位は次のようになっています。

		元 (元) yuán	角 (角) jiǎo	分 (分) fēn
1	書きことば			
2	話しことば	块 (元) kuài	毛 (角) máo	分 (分) fēn

1元は10角、1角は10分です。

3
多少 钱？
Duōshao qián?

怎么 卖？
Zěnme mài?

4
四十八 块 六 毛。
Sìshíbā kuài liù máo.

金額であることをはっきりさせるために"钱 qián"を付けることもあります。

5
两 块 钱 一 斤。
Liǎng kuài qián yì jīn.

新出単語 | Task:8 | 中国語とピンインをノートに書く (10回)

- 元 yuán ― 元(中国の貨幣単位)
- 角 jiǎo ― 角(中国の貨幣単位)
- 分 fēn ― 分(中国の貨幣単位)
- 毛 máo ― 角(中国の貨幣単位)
- 卖 mài ― 売る
- 斤 jīn ― 〈量詞〉斤(500グラム)

Task:1	前回ユニットの復習 **Unit 46** Task:**9**
Task:2	7ユニット前の復習 **Unit 40** Task:**9**
Task:3	28ユニット前の復習 **Unit 19** Task:**8**

| このユニットの学習日
（全タスクを完了した日） | □ 1回目 年 月 日 MEMO | □ 2回目 年 月 日 MEMO | □ 3回目 年 月 日 MEMO | □ 4回目 年 月 日 MEMO |

最後の単位を省略することもあります。

6 三 块 二
sān kuài èr

7 十六 块 四 毛 七
shíliù kuài sì máo qī

例文の和訳　　Task:**9** | 日本語を見て中国語を暗唱する (10回)

1 元 角 分 （書きことば）
2 元 角 分 （話しことば）
3 いくらですか？（2種）
4 48元6角です。（話しことば）
5 1斤2元です。（話しことば）
6 3元2角 （話しことば）
7 16元4角7分 （話しことば）

105

Unit 48
選択疑問文

	Task: 4	このユニットの内容をよく読む
CD 45	Task: 5	CDの音声をよく聞く (10回)
	Task: 6	CDの音声を聞いて中国語の例文を発音する (10回)
	Task: 7	CDの音声を聞かずに中国語の例文を音読する (10回)

「Aですか、それともBですか？」という選択疑問文は、以下の文型を用います。

(是 shì) + A + 还是 háishi + B ?

1 她 打 篮球 还是 打 网球？
Tā dǎ lánqiú háishi dǎ wǎngqiú?

2 她 打 网球。
Tā dǎ wǎngqiú.

3 你 要 热 的 还是 要 凉 的？
Nǐ yào rè de háishi yào liáng de?

4 是 张 老师 教 还是 李 老师 教？
Shì Zhāng lǎoshī jiāo háishi Lǐ lǎoshī jiāo?

5 你 赞成 还是 不 赞成？
Nǐ zànchéng háishi bú zànchéng?

新出単語　　　Task: 8 | 中国語とピンインをノートに書く (10回)

- 打 dǎ — (球技などを)する
- 篮球 lánqiú — バスケットボール
- 还是 háishi — それとも
- 网球 wǎngqiú — テニス
- 凉 liáng — 冷たい
- 张 Zhāng — 〈姓〉張
- 教 jiāo — 教える
- 赞成 zànchéng — 賛成する

☑ Task:1	前回ユニットの復習 **Unit 47** Task:**9**
☑ Task:2	7ユニット前の復習 **Unit 41** Task:**9**
☑ Task:3	28ユニット前の復習 **Unit 20** Task:**8**

このユニットの学習日（全タスクを完了した日）

- □ 1回目　　年　月　日　MEMO
- □ 2回目　　年　月　日　MEMO
- □ 3回目　　年　月　日　MEMO
- □ 4回目　　年　月　日　MEMO

例文の和訳　　☑ Task:9｜日本語を見て中国語を暗唱する（10回）

☑ 1　彼女はバスケットボールをしますか、それともテニスをしますか？

☑ 2　彼女はテニスをします。

☑ 3　熱いのにしますか、それとも冷たいのにしますか？

☑ 4　張先生が教えるのですか、それとも李先生が教えるのですか？

☑ 5　あなたは賛成ですか、それとも不賛成ですか？

Unit 49
助動詞："能"

CD 46	☑☑ Task:4 | このユニットの内容をよく読む
	☑☑ Task:5 | CDの音声をよく聞く (10回)
	☑☑ Task:6 | CDの音声を聞いて中国語の例文を発音する (10回)
	☑☑ Task:7 | CDの音声を聞かずに中国語の例文を音読する (10回)

　動詞の前に置かれ、その動作を行うことの「可能」「願望」「必要」などを表すのが助動詞です。常用の助動詞のうち、まず可能の意を表す"能 néng"を学びましょう。"能 néng"の語義は二つに分けることができます。

1. そのことをする「能力」を備えているから「できる」という意味を表します。

☑☑1　他 能 看 中文报。
　　　Tā néng kàn Zhōngwénbào.

☑☑2　这个 箱子 能 装 很多 东西。
　　　Zhèige xiāngzi néng zhuāng hěn duō dōngxi.

☑☑3　太 贵 了，能 不 能 便宜 一点儿?
　　　Tài guì le, néng bu néng piányi yìdiǎnr?

2.「～するであろう」という可能性を表します。

☑☑4　希望 你们 能 支持 我。
　　　Xīwàng nǐmen néng zhīchí wǒ.

☑☑5　今天 下午 能 下 雨 吗?
　　　Jīntiān xiàwǔ néng xià yǔ ma?

新出単語　☑☑ Task:8 \| 中国語とピンインをノートに書く (10回)

- ☑☑ 能 néng — できる;～するであろう
- ☑☑ 箱子 xiāngzi — スーツケース
- ☑☑ 装 zhuāng — 入れる
- ☑☑ 东西 dōngxi — 物
- ☑☑ 便宜 piányi — (値段が)安い
- ☑☑ 一点儿 yìdiǎnr — 少し
- ☑☑ 希望 xīwàng — 願う
- ☑☑ 支持 zhīchí — 支持する;支援する
- ☑☑ 下 xià — 降る
- ☑☑ 雨 yǔ — 雨
- ☑☑ 拍 pāi — 撮る
- ☑☑ 照片 zhàopiàn — 写真

Task:1	前回ユニットの復習 **Unit 48** Task:**9**
Task:2	7ユニット前の復習 **Unit 42** Task:**9**
Task:3	28ユニット前の復習 **Unit 21** Task:**8**

| このユニットの学習日
（全タスクを完了した日） | □ 1回目
　年　月　日
MEMO | □ 2回目
　年　月　日
MEMO | □ 3回目
　年　月　日
MEMO | □ 4回目
　年　月　日
MEMO |

"能 néng" の否定

"能 néng" を否定した "不能 bù néng" はしばしば「〜してはならない」という禁止の意味を表します。

6 这里 不 能 拍 照片。
　　Zhèli bù néng pāi zhàopiàn.

例文の和訳　　Task:9 | 日本語を見て中国語を暗唱する（10回）

1 彼は中国語の新聞を読めます。
2 このスーツケースはたくさん物を入れることができる。
3 高すぎます。少し安くなりませんか？
4 あなたたちがわたしを支援してくれることを願っています。
5 今日の午後雨が降りますか？
6 ここで写真を撮ってはいけません。

Unit 50
助動詞:"会"

- Task:4 | このユニットの内容をよく読む
- Task:5 | CDの音声をよく聞く (10回)
- Task:6 | CDの音声を聞いて中国語の例文を発音する (10回)
- Task:7 | CDの音声を聞かずに中国語の例文を音読する (10回)

助動詞 "会 huì" の語義も "能 néng" と同様、二つに分けることができます。

1. 学習あるいは練習して技術を「会得」し、「できる」という意味を表します。

1. 她 会 开 汽车。
　Tā huì kāi qìchē.

2. 这 孩子 不 会 骑 自行车。
　Zhè háizi bú huì qí zìxíngchē.

2. 「〜するはず」という必然性や可能性を表します。

3. 你 的 愿望 一定 会 实现。
　Nǐ de yuànwàng yídìng huì shíxiàn.

4. 我 不 会 骗 你 的。
　Wǒ bú huì piàn nǐ de.

この用法の "会 huì" は例文4のように文末にしばしば断定の語気助詞 "的 de" が用いられます。

新出単語 ── Task:8 | 中国語とピンインをノートに書く (10回)

- 会 huì ── できる;〜するはず
- 开 kāi ── 運転する
- 骑 qí ── (跨って)乗る
- 自行车 zìxíngchē ── 自転車
- 的 de ── 〈助詞〉断定の語気を表す
- 愿望 yuànwàng ── 願い
- 一定 yídìng ── きっと
- 骗 piàn ── だます

Task:1	前回ユニットの復習 **Unit 49** Task: **9**
Task:2	7ユニット前の復習 **Unit 43** Task: **9**
Task:3	28ユニット前の復習 **Unit 22** Task: **8**

このユニットの学習日
（全タスクを完了した日）

□ 1回目　年　月　日　MEMO
□ 2回目　年　月　日　MEMO
□ 3回目　年　月　日　MEMO
□ 4回目　年　月　日　MEMO

例文の和訳　　Task:9 | 日本語を見て中国語を暗唱する (10回)

1 彼女は車の運転ができます。
2 この子は自転車に乗ることができない。
3 あなたの願いはきっと実現するでしょう。
4 わたしがあなたをだますはずがない。

111

Unit 51
動詞の重ね型と"一下"

	Task:4	このユニットの内容をよく読む
CD 48	Task:5	CDの音声をよく聞く (10回)
	Task:6	CDの音声を聞いて中国語の例文を発音する (10回)
	Task:7	CDの音声を聞かずに中国語の例文を音読する (10回)

"看看 kànkan"(ちょっと見てみる)のように動詞を繰り返すことで「ちょっと〜してみる」という意味を表します。単音節の動詞は間に"一"を入れて"尝一尝 cháng yi chang"(ちょっと味わってみる)のように言うこともできます。2音節の動詞の間には"一"を入れません。

単音節の動詞を繰り返す場合、後の動詞および動詞の間に挟む"一"は軽声に発音します。

1. 这 朵 花儿 真 香, 你 闻闻。
 Zhè duǒ huār zhēn xiāng, nǐ wénwen.

2. 你 想 一 想。
 Nǐ xiǎng yi xiang.

3. 我 给 你 介绍 介绍。
 Wǒ gěi nǐ jièshào jièshào.

動詞の後ろに"一下 yíxià"を付けても「ちょと〜する」という意味を表すことができます。

4. 请 等 一下。
 Qǐng děng yíxià.

5. 我们 商量 一下。
 Wǒmen shāngliang yíxià.

新出単語　　Task:8 | 中国語とピンインをノートに書く (10回)

- 朵 duǒ —〈量詞〉花などを数える
- 花儿 huār — 花
- 香 xiāng — 芳しい
- 闻 wén — 嗅ぐ
- 想 xiǎng — 考える
- 介绍 jièshào — 紹介する
- 请 qǐng — どうぞ〜してください
- 等 děng — 待つ
- 一下 yíxià — ちょっと
- 商量 shāngliang — 相談する

Task:1	前回ユニットの復習 **Unit 50** Task:**9**
Task:2	7ユニット前の復習 **Unit 44** Task:**9**
Task:3	28ユニット前の復習 **Unit 23** Task:**8、9**

| このユニットの学習日
（全タスクを完了した日） | □ 1回目
年　月　日
MEMO | □ 2回目
年　月　日
MEMO | □ 3回目
年　月　日
MEMO | □ 4回目
年　月　日
MEMO |

■ 語学は練習の積み重ねが大事

「学問に王道なし」。外国語の学習にこそこのことわざがぴったりあてはまります。この場合の「王道」は中国語に訳せば"捷径 jiéjìng"（近道、手っ取り早い方法）となるでしょう。語学はとにかくこつこつと"一步一个脚印 yí bù yí ge jiǎoyìn"（一歩ごとに一つの足跡が残る）の精神で着実に学んでいくしかありません。外国語の習得はスポーツと同じで、トレーニングを繰り返すことによって、はじめて身につきます。基本動作を体で覚えるまで繰り返し訓練することが肝要なのです。特に発音はいくら理論的な知識を学んでも自分の口で実際に正しい音を出せなければ意味がありません。どうぞ唇や舌の基本的な動きを何度も練習して中国語の発音をマスターしてください。

例文の和訳　　Task:**9** | 日本語を見て中国語を暗唱する（10回）

1 この花は本当によい香りがする、嗅いでごらん。
2 ちょっと考えてみなさい。
3 あなたにちょっと紹介しましょう。
4 ちょっとお待ちください。
5 わたしたちちょっと相談しましょう。

113

Unit 52
助動詞:"可以"

- Task:4 | このユニットの内容をよく読む
- Task:5 | CDの音声をよく聞く (10回)
- Task:6 | CDの音声を聞いて中国語の例文を発音する (10回)
- Task:7 | CDの音声を聞かずに中国語の例文を音読する (10回)

助動詞 "可以 kěyǐ" も "能 néng" "会 huì" と同様、語義を二つに分けることができます。

1. 条件や環境が備わっており、「～してもかまわない」という意味を表します。

1 可以 说 他 是 我 的 恩人。
Kěyǐ shuō tā shì wǒ de ēnrén.

2 你 可以 放心。
Nǐ kěyǐ fàngxīn.

3 可以 借 你 的 词典 吗?
Kěyǐ jiè nǐ de cídiǎn ma?

2. 「～する価値がある」「～したほうがいい」という意味を表します。

4 这个 菜 真 不错, 你 可以 尝尝。
Zhèige cài zhēn búcuò, nǐ kěyǐ chángchang.

5 这 部 电影 很 有 意思, 你 可以 看看。
Zhè bù diànyǐng hěn yǒu yìsi, nǐ kěyǐ kànkan.

新出単語 — Task:8 | 中国語とピンインをノートに書く (10回)

- 可以 kěyǐ ― ～してもかまわない;～する価値がある
- 恩人 ēnrén ― 恩人
- 放心 fàngxīn ― 安心する
- 借 jiè ― 借りる
- 不错 búcuò ― 悪くない;よい
- 尝 cháng ― 味わう
- 部 bù ― 〈量詞〉映画などを数える
- 电影 diànyǐng ― 映画
- 有意思 yǒu yìsi ― 面白い

☑ Task:**1**	前回ユニットの復習 **Unit 51** Task:**9**
☑ Task:**2**	7ユニット前の復習 **Unit 45** Task:**9**
☑ Task:**3**	28ユニット前の復習 **Unit 24** Task:**8**、**9**

| このユニットの学習日
（全タスクを完了した日） | ☐ 1回目
　年　月　日
MEMO | ☐ 2回目
　年　月　日
MEMO | ☐ 3回目
　年　月　日
MEMO | ☐ 4回目
　年　月　日
MEMO |

例文の和訳　　☑ Task:**9** | 日本語を見て中国語を暗唱する（10回）

☑ 1　彼はわたしの恩人と言える。

☑ 2　安心していいよ。

☑ 3　あなたの辞典を借りてもいいですか？

☑ 4　この料理は本当においしい。食べてごらん。

☑ 5　この映画はとても面白いから、見たほうがいいよ。

Unit 53
助動詞："要"

	Task:4	このユニットの内容をよく読む
CD 50	Task:5	CDの音声をよく聞く (10回)
	Task:6	CDの音声を聞いて中国語の例文を発音する (10回)
	Task:7	CDの音声を聞かずに中国語の例文を音読する (10回)

助動詞"要 yào"の用法は多岐に渡りますが、ここではまず二つの基本的な意味を学びましょう。

1.「〜したい」という願望や「〜するつもりだ」という意思を表します。

1. 你 要 做 什么 运动？
   Nǐ yào zuò shénme yùndòng?

2. 我们 一定 要 解决 这个 问题。
   Wǒmen yídìng yào jiějué zhèige wèntí.

2.「〜しなくてはならない」という必要性を表します。

3. 吃 饭 前 要 洗 手。
   Chī fàn qián yào xǐ shǒu.

4. 你 要 听 父母 的 话。
   Nǐ yào tīng fùmǔ de huà.

新出単語　　Task:8 | 中国語とピンインをノートに書く (10回)

- 要 yào — 〜したい；〜しなくてはならない
- 运动 yùndòng — 運動；スポーツ
- 解决 jiějué — 解決する
- 问题 wèntí — 問題
- 洗 xǐ — 洗う
- 手 shǒu — 手
- 父母 fùmǔ — 両親；親

Task:**1**	前回ユニットの復習	**Unit 52** Task:**9**
Task:**2**	7ユニット前の復習	**Unit 46** Task:**9**
Task:**3**	28ユニット前の復習	**Unit 25** Task:**8**

このユニットの学習日（全タスクを完了した日）

- □ 1回目　年　月　日　MEMO
- □ 2回目　年　月　日　MEMO
- □ 3回目　年　月　日　MEMO
- □ 4回目　年　月　日　MEMO

例文の和訳　　Task:**9** | 日本語を見て中国語を暗唱する（10回）

1. あなたは何のスポーツがしたいですか？
2. わたしたちはきっとこの問題を解決するつもりだ。
3. 食事の前には手を洗わなくてはならない。
4. おまえは親の言うことを聞かなくてはならない。

117

Unit 54
助動詞：" 应该"

- Task:4 | このユニットの内容をよく読む
- Task:5 | CDの音声をよく聞く (10回)
- Task:6 | CDの音声を聞いて中国語の例文を発音する (10回)
- Task:7 | CDの音声を聞かずに中国語の例文を音読する (10回)

CD 51

助動詞 "应该 yīnggāi" の語義も二つに分けて学びましょう。

1. 道理から考えて「当然～すべきである」という意味を表します。

1. 你 应该 事先 预订 房间。
   Nǐ yīnggāi shìxiān yùdìng fángjiān.

2. 你 应该 检查 身体。
   Nǐ yīnggāi jiǎnchá shēntǐ.

2. 状況から予測して「当然そうなるはずだ」という意味を表します。

3. 他 找 个 好 工作 应该 没有 问题。
   Tā zhǎo ge hǎo gōngzuò yīnggāi méiyǒu wèntí.

4. 她 应该 知道 这 件 事儿。
   Tā yīnggāi zhīdao zhè jiàn shìr.

新出単語 | Task:8 | 中国語とピンインをノートに書く (10回)

- 应该 yīnggāi ― 当然～すべきである；当然そうなるはずだ
- 事先 shìxiān ― 事前に
- 预订 yùdìng ― 予約する
- 房间 fángjiān ― 部屋
- 检查 jiǎnchá ― 検査する
- 身体 shēntǐ ― 体
- 找 zhǎo ― 見つける
- 工作 gōngzuò ― 仕事
- 知道 zhīdao ― 知っている
- 事儿 shìr ― こと

- Task:1 | 前回ユニットの復習 **Unit 53** Task:**9**
- Task:2 | 7ユニット前の復習 **Unit 47** Task:**9**
- Task:3 | 28ユニット前の復習 **Unit 26** Task:**8**

	□ 1回目 　年　月　日 MEMO	□ 2回目 　年　月　日 MEMO	□ 3回目 　年　月　日 MEMO	□ 4回目 　年　月　日 MEMO
このユニットの学習日 （全タスクを完了した日）				

例文の和訳　　Task:9 | 日本語を見て中国語を暗唱する (10回)

1 あなたは事前に部屋を予約するべきです。
2 あなたは身体検査をするべきだ。
3 彼がよい仕事を見つけるのは問題ないでしょう。
4 彼女は当然このことを知っているはずだ。

Unit 55
動作の状態

CD 52	Task:4 このユニットの内容をよく読む	
	Task:5 CDの音声をよく聞く(10回)	
	Task:6 CDの音声を聞いて中国語の例文を発音する(10回)	
	Task:7 CDの音声を聞かずに中国語の例文を音読する(10回)	

　ある一つの動作は「間もなく～しようとしている」「いま～している最中である」「～し終わった」「～したことがある」などの状態に分けることができます。これらの動作の状態を中国語では次のように表現します。

近い未来	間もなく～しようとしている	要 yào……了 le　など
進行	いま～している最中である	正在 zhèngzài……　など
持続	～している状態である	……着 zhe
完了	～し終わった	……了 le
経験	～したことがある	……过 guo

　動作が行われる「時」と動作の状態は異なるものであり、両者を区別してとらえることが大切です。

　中国語では時間を表す語によって、ある動作が行われる「時」を表現します。

1　上星期　他　出差　了。
　　Shàngxīngqī　tā　chūchāi　le.

新出単語　　Task:8 中国語とピンインをノートに書く(10回)

- 上星期 shàngxīngqī ― 先週
- 出差 chūchāi ― 出張する
- 了 le ― 〈助詞〉動作の完了を表す
- 下星期 xiàxīngqī ― 来週
- 杭州 Hángzhōu ― 杭州
- 贵姓 guìxìng ― お名前
- 姓 xìng ― 姓を～と称する
- 田中 Tiánzhōng ― 〈姓〉田中
- 叫 jiào ― (～と)呼ぶ
- 爱 Ài ― 愛(名前)
- 关照 guānzhào ― 面倒を見る;世話をする

Task:1	前回ユニットの復習 Unit 54 Task:9
Task:2	7ユニット前の復習 Unit 48 Task:9
Task:3	28ユニット前の復習 Unit 27 Task:8

| このユニットの学習日
(全タスクを完了した日) | □ 1回目
年　月　日
MEMO | □ 2回目
年　月　日
MEMO | □ 3回目
年　月　日
MEMO | □ 4回目
年　月　日
MEMO |

2　下星期 我们 去 杭州。
　　Xiàxīngqī wǒmen qù Hángzhōu.

　上の二つの例文では、"上星期 shàngxīngqī""下星期 xiàxīngqī"という語がそれぞれ過去、未来を表しています。「出張した」に相当する部分が"出差了 chūchāi le"となっていますが、"了 le"は「過去」を表しているわけでなく、「完了」を表す記号なのです。

■ 日常のあいさつ
　よく使う表現を覚えましょう。

3　您 贵姓?
　　Nín guìxìng?

4　我 姓 田中, 叫 田中 爱。
　　Wǒ xìng Tiánzhōng, jiào Tiánzhōng Ài.

5　请 多 关照。
　　Qǐng duō guānzhào.

例文の和訳　　Task:9 | 日本語を見て中国語を暗唱する (10回)

1 先週彼は出張した。
2 来週わたしたちは杭州へ行く。
3 名字は何とおっしゃいますか?
4 わたしは姓を田中と言い、田中愛と申します。
5 どうぞよろしく。

Unit 56
動作の近い未来における発生

- Task:4 | このユニットの内容をよく読む
- Task:5 | CDの音声をよく聞く(10回)
- Task:6 | CDの音声を聞いて中国語の例文を発音する(10回)
- Task:7 | CDの音声を聞かずに中国語の例文を音読する(10回)

CD 53

　動作や状態が間もなく起ころうとしていることを表すには次のいずれかの文型を用います。

要 yào ……了 le。

1. 天 要 下 雨 了。
   Tiān yào xià yǔ le.

快 kuài ……了 le。

2. 他的病 快 好 了。
   Tā de bìng kuài hǎo le.

快要 kuàiyào ……了 le。

3. 快要 到 春节 了。
   Kuàiyào dào Chūnjié le.

就要 jiùyào ……了 le。

4. 他们 俩 下月 就要 结婚 了。
   Tāmen liǎ xiàyuè jiùyào jiéhūn le.

　例文4のように"下月 xiàyuè"のような時間を表す語がある場合、"就要 jiùyào"で受けます。"快要 kuàiyào"が続くことはありませんので注意してください。

新出単語　　Task:8 | 中国語とピンインをノートに書く(10回)

- 天 tiān — 空;天
- 要 yào — 間もなく〜する
- 病 bìng — 病気
- 快 kuài — 間もなく〜する
- 快要 kuàiyào — 間もなく〜する
- 春节 Chūnjié — 春節(旧暦の正月)
- 下月 xiàyuè — 来月
- 就要 jiùyào — 間もなく〜する
- 结婚 jiéhūn — 結婚する

	Task:**1**	前回ユニットの復習 **Unit 55** Task:**9**
	Task:**2**	7ユニット前の復習 **Unit 49** Task:**9**
	Task:**3**	28ユニット前の復習 **Unit 28** Task:**8**

| このユニットの学習日
(全タスクを完了した日) | □ 1回目
年　月　日
MEMO | □ 2回目
年　月　日
MEMO | □ 3回目
年　月　日
MEMO | □ 4回目
年　月　日
MEMO |

■ 中国人の姓

　漢族の姓はほとんどが"王 Wáng""赵 Zhào""吴 Wú""周 Zhōu"などの"单姓 dānxìng"（1字の名字）で、"司马 Sīmǎ"や"欧阳 Ōuyáng"といった"复姓 fùxìng"（2字の名字）は多くありません。宋代に編まれたと推定される『百家姓』には408の"单姓 dānxìng"と30の"复姓 fùxìng"が収録されています。中国の人口は13億以上ですから、人口が多い割には姓の数は少ないといえます。"望子成龙 wàng zǐ chéng lóng"（息子が龍になることを望む——子どもの出世を願うこと）ということわざがあるように、子どもが生まれると親は良い字を選んで名付けるので、名前に使われる字も自然と限られてきます。それに加えて最近は子どもに1字の名前を付けるのが流行しているので、同姓同名の人が増えています。

　中国人は"我姓李，木子李。Wǒ xìng Lǐ, mù zǐ Lǐ."（わたしは李と申します。木に子の李です。）、"我姓吴，口天吴。Wǒ xìng Wú, kǒu tiān Wú."（わたしは呉と申します。口に天の呉です。）などと自分の姓を紹介する場合があります。"林 Lín"ならば"双木林 shuāng mù Lín"（二つの木の林）、"陈 Chén"ならば"耳东陈 ěr dōng Chén"（こざと偏に東の陳）と言います。さすが漢字の国ですね。

例文の和訳　　　　Task:**9** | 日本語を見て中国語を暗唱する (10回)

| **1** 雨が降りそうだ。
| **2** 彼の病気はもうじきよくなる。
| **3** 間もなく春節だ。
| **4** 彼らふたりは来月にはもう結婚する。

Unit 57
動作の進行

	Task:**4**	このユニットの内容をよく読む
CD 54	Task:**5**	CDの音声をよく聞く(10回)
	Task:**6**	CDの音声を聞いて中国語の例文を発音する(10回)
	Task:**7**	CDの音声を聞かずに中国語の例文を音読する(10回)

動作が進行中であることを表すには次の文型を用います。

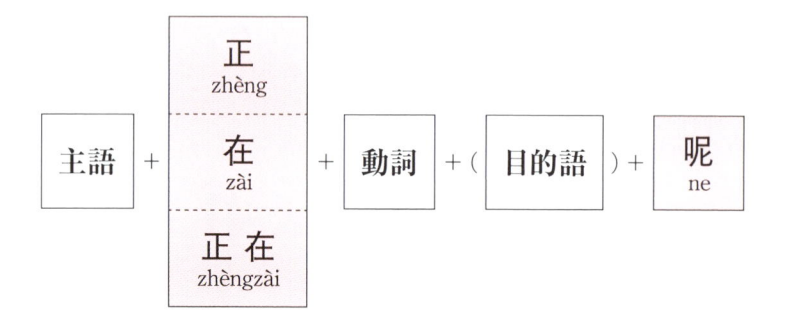

主語 + { 正 zhèng / 在 zài / 正在 zhèngzài } + 動詞 + (目的語) + 呢 ne

1. 我 正 看 足球 比赛 呢。
   Wǒ zhèng kàn zúqiú bǐsài ne.

2. 爸爸 还 在 睡觉。
   Bàba hái zài shuìjiào.

3. 她 正在 弹 钢琴。
   Tā zhèngzài tán gāngqín.

4. 孩子们 在 游泳池 里 游泳 呢。
   Háizimen zài yóuyǒngchí li yóuyǒng ne.

上の例文4のように文末に"呢 ne"を置くだけでも進行形を表すことができます。な

新出単語　　Task:**8** | 中国語とピンインをノートに書く(10回)

- 正 zhèng — ちょうど〜しているところだ
- 足球 zúqiú — サッカー
- 比赛 bǐsài — 試合
- 呢 ne —〈助詞〉進行形であることを表す
- 还 hái — まだ
- 在 zài — 〜している
- 睡觉 shuìjiào — 寝る
- 正在 zhèngzài — ちょうど〜している
- 弹 tán — 弾く
- 钢琴 gāngqín — ピアノ
- 们 men — 〜たち(Unit 13参照)
- 游泳池 yóuyǒngchí — プール
- 游泳 yóuyǒng — 泳ぐ

	Task: **1**	前回ユニットの復習 **Unit 56** Task: **9**
	Task: **2**	7ユニット前の復習 **Unit 50** Task: **9**
	Task: **3**	28ユニット前の復習 **Unit 29** Task: **9**

| このユニットの学習日
（全タスクを完了した日） | □ 1回目
　年　月　日
MEMO | □ 2回目
　年　月　日
MEMO | □ 3回目
　年　月　日
MEMO | □ 4回目
　年　月　日
MEMO |

お、この例文中の"在 zài"は場所を表す介詞です。

例文の和訳　　Task: **9** | 日本語を見て中国語を暗唱する（10回）

1 わたしはサッカーの試合を見ているところです。
2 お父さんはまだ寝ている。
3 彼女はピアノを弾いている。
4 子どもたちはプールで泳いでいる。

125

Unit 58
動作の持続

- Task: 4 | このユニットの内容をよく読む
- Task: 5 | CDの音声をよく聞く (10回)
- Task: 6 | CDの音声を聞いて中国語の例文を発音する (10回)
- Task: 7 | CDの音声を聞かずに中国語の例文を音読する (10回)

CD 55

動作や状態が持続していることを表すには動詞の後に "着 zhe" を付けます。

動詞 + 着 zhe

1. 窗户 开着，门 关着。
   Chuānghu kāizhe, mén guānzhe.

動作の持続はしばしば進行形と一緒に使われます。

2. 他们 正在 打着 太极拳 呢。
   Tāmen zhèngzài dǎzhe tàijíquán ne.

「動詞＋"着 zhe"」は他の動詞（句）の前に置かれ、「〜した状態で〜する」という意味を表す状況語として用いられる場合があります。

3. 老师 站着 讲课。
   Lǎoshī zhànzhe jiǎngkè.

4. 我们 走着 去 吧。
   Wǒmen zǒuzhe qù ba.

「〜しましょう」と誘うときには "吧 ba" を文末に用います。

新出単語　Task: 8 | 中国語とピンインをノートに書く (10回)

- 窗户 chuānghu ― 窓
- 开 kāi ― 開く
- 着 zhe ―〈助詞〉持続を表す
- 门 mén ― ドア
- 关 guān ― 閉まる
- 太极拳 tàijíquán ― 太極拳
- 站 zhàn ― 立つ
- 讲课 jiǎngkè ― 授業をする
- 吧 ba ―〈助詞〉勧誘の語気を表す

☑ Task:1	前回ユニットの復習 **Unit 57** Task:**9**
☑ Task:2	7ユニット前の復習 **Unit 51** Task:**9**
☑ Task:3	28ユニット前の復習 **Unit 30** Task:**9**

| このユニットの学習日
（全タスクを完了した日） | ☐ 1 回目
　年　月　日
MEMO | ☐ 2 回目
　年　月　日
MEMO | ☐ 3 回目
　年　月　日
MEMO | ☐ 4 回目
　年　月　日
MEMO |

例文の和訳　　Task:9｜日本語を見て中国語を暗唱する（10回）

☑ **1** 窓は開いていて、ドアは閉まっている。
☑ **2** 彼らは太極拳をしているところだ。
☑ **3** 先生は立って授業をしている。
☑ **4** わたしたち歩いて行きましょう。

127

Unit 59
動作の完了(動態助詞の"了")

CD 56

- Task:4 | このユニットの内容をよく読む
- Task:5 | CDの音声をよく聞く(10回)
- Task:6 | CDの音声を聞いて中国語の例文を発音する(10回)
- Task:7 | CDの音声を聞かずに中国語の例文を音読する(10回)

　動作の完了や状態の出現を表すには、動詞の後に動作が完了の状態であることを示す助詞"了 le"(動態助詞の"了 le")を付けます。

　動作がすでに完了していて、目的語の前に「数詞＋量詞」や「副詞＋形容詞」などの名詞を修飾する限定語が付いている場合には、動詞の後に必ず"了 le"を付けます。動態助詞とは動作の状態を示す助詞で、中国語には完了を表す"了 le"、持続を表す"着 zhe"、経験を表す"过 guo"の三つの動態助詞があります。

動詞 ＋ 了 le

1 昨天 我 买了 一 顶 帽子。
　Zuótiān wǒ mǎile yì dǐng màozi.

2 妈妈 包了 很 多 饺子。
　Māma bāole hěn duō jiǎozi.

"了 le"は動作を行った結果が現在も続いている状態にあることを示す場合もあります。

3 这 部 电影 反映了 社会 的 现实。
　Zhè bù diànyǐng fǎnyìngle shèhuì de xiànshí.

新出単語　　Task:8 | 中国語とピンインをノートに書く(10回)

- 昨天 zuótiān ― 昨日
- 买 mǎi ― 買う
- 顶 dǐng ―〈量詞〉帽子を数える
- 帽子 màozi ― 帽子
- 包 bāo ― 包む(皮で具を包むのでギョーザを作るときの動詞として用いる)
- 饺子 jiǎozi ― ギョーザ
- 反映 fǎnyìng ― 反映する
- 社会 shèhuì ― 社会
- 现实 xiànshí ― 現実
- 明天 míngtiān ― 明日
- 早饭 zǎofàn ― 朝食
- 就 jiù ― すぐに
- 回 huí ― 帰る;戻る

Task:1	前回ユニットの復習 **Unit 58** Task:**9**
Task:2	7ユニット前の復習 **Unit 52** Task:**9**
Task:3	28ユニット前の復習 **Unit 31** Task:**9**

| このユニットの学習日
(全タスクを完了した日) | □ 1回目
年 月 日
MEMO | □ 2回目
年 月 日
MEMO | □ 3回目
年 月 日
MEMO | □ 4回目
年 月 日
MEMO |

動作の完了は必ずしも過去に起きるとは限らず、未来の時点においても発生します。

4 明天 吃了 早饭 我 就 去 你 那儿。
Míngtiān chīle zǎofàn wǒ jiù qù nǐ nàr.

5 买了 菜，我 就 回 家。
Mǎile cài, wǒ jiù huí jiā.

例文4の"你 那儿 nǐ nàr"は「あなたのところ」の意味です。ちなみに「わたしのところ」は"我 这儿 wǒ zhèr"と言います。

例文の和訳　　Task:9 | 日本語を見て中国語を暗唱する (10回)

1 昨日わたしは帽子を一つ買った。
2 お母さんはギョーザをたくさん作った。
3 この映画は社会の現実を描いている。
4 明日朝食を食べたらわたしはすぐにあなたのところへ行きます。
5 おかずを買ったらわたしはすぐに家に帰ります。

Unit 60
完了の否定

Task:4	このユニットの内容をよく読む
Task:5	CDの音声をよく聞く (10回)
Task:6	CDの音声を聞いて中国語の例文を発音する (10回)
Task:7	CDの音声を聞かずに中国語の例文を音読する (10回)

「動詞＋"了 le"」の完了形を否定するときには"没有 méiyǒu"("有 yǒu"を省略して"没 méi"としてもよい)を用い、動詞の後には"了 le"を付けません。

没(有) méi(yǒu) ＋ 動詞

1 你 看了 那个 节目 吗?
   Nǐ kànle nèige jiémù ma?

2 我 没有 看 那个 节目。
   Wǒ méiyǒu kàn nèige jiémù.

3 你 交了 昨天 的 作业 没有?
   Nǐ jiāole zuótiān de zuòyè méiyǒu?

4 我 还 没 交。
   Wǒ hái méi jiāo.

中国語には動詞を否定する副詞に"不 bù"と"没(有) méi(yǒu)"の二つの語があります。"不 bù"は意思を否定するときに用います。"不去 bú qù"は「行くつもりがない」ということです。"没(有) méi(yǒu)"は事実の存在を否定するときに用います。"没去 méi qù"は"去了 qù le"(行った)という事実がない、すなわち「行かなかった」ということです。

新出単語
Task:8 | 中国語とピンインをノートに書く (10回)

- 节目 jiémù — 番組
- 没有 méiyǒu — 〜していない
- 交 jiāo — 提出する
- 作业 zuòyè — 宿題
- 没 méi — 〜していない("没有 méiyǒu"の省略形)

☑ Task:**1**	前回ユニットの復習 **Unit 59** Task:**9**
☑ Task:**2**	7ユニット前の復習 **Unit 53** Task:**9**
☑ Task:**3**	28ユニット前の復習 **Unit 32** Task:**9**

このユニットの学習日
（全タスクを完了した日）

□ 1回目	□ 2回目	□ 3回目	□ 4回目
年　月　日	年　月　日	年　月　日	年　月　日
MEMO	MEMO	MEMO	MEMO

例文の和訳　　☑☑ Task:**9** | 日本語を見て中国語を暗唱する（10回）

☑ **1** あなたはあの番組を見ましたか？
☑ **2** わたしはあの番組を見ませんでした。
☑ **3** あなたは昨日の宿題を出しましたか？
☑ **4** わたしはまだ提出していません。

Unit 61
事柄の実現と状態の変化(語気助詞の"了")

- Task:4 | このユニットの内容をよく読む
- Task:5 | CDの音声をよく聞く(10回)
- Task:6 | CDの音声を聞いて中国語の例文を発音する(10回)
- Task:7 | CDの音声を聞かずに中国語の例文を音読する(10回)

文末の"了 le"は、事柄全体が実現していることを確認する語気や、状態が変化していることを表します。

1. 火车 已经 到 站 了。
   Huǒchē yǐjing dào zhàn le.

2. 树叶 红 了。
   Shùyè hóng le.

文の最後が動詞である場合、文末の"了 le"は、動作の完了を表す動態助詞と状態の変化を表す語気助詞の二つの役割を兼ねています。

3. 机会 终于 来 了。
   Jīhuì zhōngyú lái le.

4. 气温 下降 了。
   Qìwēn xiàjiàng le.

新出単語　　Task:8 | 中国語とピンインをノートに書く(10回)

- 火车 huǒchē — 汽車;列車
- 已经 yǐjing — すでに
- 站 zhàn — 駅
- 树叶 shùyè — 木の葉
- 机会 jīhuì — チャンス
- 终于 zhōngyú — ついに
- 气温 qìwēn — 気温
- 下降 xiàjiàng — 下がる

Task:1	前回ユニットの復習 **Unit 60** Task:**9**
Task:2	7ユニット前の復習 **Unit 54** Task:**9**
Task:3	28ユニット前の復習 **Unit 33** Task:**9**

このユニットの学習日（全タスクを完了した日）

- □ 1回目　年　月　日　MEMO
- □ 2回目　年　月　日　MEMO
- □ 3回目　年　月　日　MEMO
- □ 4回目　年　月　日　MEMO

例文の和訳　　Task:**9** | 日本語を見て中国語を暗唱する（10回）

1. 汽車はもう駅に着いている。
2. 木の葉が赤くなった。
3. チャンスがついにやって来た。
4. 気温が下がった。

Unit 62
語気助詞"了"の有無による違い

CD 59

- ☑☑ Task:4 | このユニットの内容をよく読む
- ☑☑ Task:5 | CDの音声をよく聞く (10回)
- ☑☑ Task:6 | CDの音声を聞いて中国語の例文を発音する (10回)
- ☑☑ Task:7 | CDの音声を聞かずに中国語の例文を音読する (10回)

動詞の後に動態助詞の"了 le"が付いている文では、文末に語気助詞の"了 le"があるか否かにより文の意味あいが異なります。

動態助詞の"了 le"だけが付いていて、文末に"了 le"がなければ、その動作が完了していることだけを強調しています。

☑☑ 1　他 喝了 两 瓶 啤酒。
　　　　Tā　hēle　liǎng píng　píjiǔ.

上の文で"喝了 hēle"の"了 le"は"喝 hē"という動作が完了したことをはっきりと表現しています。

文末に語気助詞の"了 le"を付けると、その動作が今も続いていることを表します。

☑☑ 2　他 喝了 两 瓶 啤酒 了。
　　　　Tā　hēle　liǎng píng　píjiǔ　le.

上の文は、「彼が飲んだビールの数量は（今の時点で）２本になっている」という意味であり、これから３本、４本と飲む可能性があることを表します。

新出単語

Task:8 | 中国語とピンインをノートに書く (10回)

- ☑☑ 喝 hē — 飲む
- ☑☑ 瓶 píng — 瓶
- ☑☑ 啤酒 píjiǔ — ビール
- ☑☑ 欢迎 huānyíng — 歓迎する
- ☑☑ 好久 hǎojiǔ — 長い間
- ☑☑ 见 jiàn — 会う
- ☑☑ 坐 zuò — 座る;乗る
- ☑☑ 一会儿 yíhuìr — わずかの時間;しばらくの間

Task:1	前回ユニットの復習 **Unit 61** Task: **9**
Task:2	7ユニット前の復習 **Unit 55** Task: **9**
Task:3	28ユニット前の復習 **Unit 34** Task: **9**

■ 日常のあいさつ

よく使う表現を覚えましょう。

3 欢迎，欢迎。
Huānyíng, huānyíng.

4 好久 不 见。
Hǎojiǔ bú jiàn.

5 多 坐 一会儿。
Duō zuò yíhuìr.

例文の和訳   Task:9 | 日本語を見て中国語を暗唱する (10回)

1 彼はビールを2本飲んだ。
2 彼はビールを2本飲んでしまった。
3 ようこそ。
4 お久しぶりです。
5 ゆっくりしていってください。

Unit 63
常用の語気助詞

CD 60	■■ Task:4 ｜ このユニットの内容をよく読む ■■ Task:5 ｜ CDの音声をよく聞く (10回) ■■ Task:6 ｜ CDの音声を聞いて中国語の例文を発音する (10回) ■■ Task:7 ｜ CDの音声を聞かずに中国語の例文を音読する (10回)

話し手の断定、命令、感嘆、推量などの気分を表す助詞が、「語気助詞」です。ここでは基本的な語気助詞を整理して学びましょう。

断定の語気を表す"的 de"

1　爸爸 一定 会 这么 说 的。
　　Bàba yídìng huì zhème shuō de.

命令の語気を表す"吧 ba"

2　你 快 收拾 屋子 吧。
　　Nǐ kuài shōushi wūzi ba.

感嘆の語気を表す"啊 a"

3　我们 多么 幸福 啊！
　　Wǒmen duōme xìngfú a!

推量の語気を表す"吧 ba"

4　她 不 会 不 知道 吧？
　　Tā bú huì bù zhīdao ba?

例文4は二重否定になっています。

新出単語　　■■ Task:8 ｜ 中国語とピンインをノートに書く (10回)

- 这么 zhème — このように
- 快 kuài — 速い
- 收拾 shōushi — 片付ける
- 屋子 wūzi — 部屋
- 多么 duōme — なんと
- 幸福 xìngfú — 幸せである
- 啊 a —〈助詞〉明るい語気を表す

Task:**1**	前回ユニットの復習 **Unit 62** Task:**9**
Task:**2**	7ユニット前の復習 **Unit 56** Task:**9**
Task:**3**	28ユニット前の復習 **Unit 35** Task:**9**

このユニットの学習日（全タスクを完了した日）

☐ 1回目　年　月　日　MEMO
☐ 2回目　年　月　日　MEMO
☐ 3回目　年　月　日　MEMO
☐ 4回目　年　月　日　MEMO

例文の和訳　　Task:**9** | 日本語を見て中国語を暗唱する（10回）

1 お父さんはきっとこう言うに決まっている。
2 早く部屋を片付けなさい。
3 わたしたちは何と幸せなのだろう！
4 彼女は知らないはずはないでしょう？

Unit 64
時間と関係のある常用の副詞

CD 61
- Task: 4 | このユニットの内容をよく読む
- Task: 5 | CDの音声をよく聞く (10回)
- Task: 6 | CDの音声を聞いて中国語の例文を発音する (10回)
- Task: 7 | CDの音声を聞かずに中国語の例文を音読する (10回)

ここでは、時間に関係する表現でよく使われる副詞を学びましょう。意味が対照的なものをペアで取り上げます。

"已经 yǐjing" と "还 hái"

"已经 yǐjing" は「すでに」「もう」という意味を表します。

1 我 对 这儿 的 生活 已经 习惯 了。
Wǒ duì zhèr de shēnghuó yǐjing xíguàn le.

"还 hái" は「まだ」という意味を表します。

2 你 还 记得 我 吗?
Nǐ hái jìde wǒ ma?

"已经 yǐjing……了 le" と "还没(有) hái méi(yǒu)……呢 ne" はちょうど反対の意味を表す文型です。

3 我 已经 吃 饭 了。
Wǒ yǐjing chī fàn le.

4 我 还 没 吃 饭 呢。
Wǒ hái méi chī fàn ne.

新出単語　Task: 8 | 中国語とピンインをノートに書く (10回)

- 生活 shēnghuó ― 生活
- 习惯 xíguàn ― 慣れる
- 记得 jìde ― 覚えている
- 半夜 bànyè ― 夜中
- 才 cái ― やっと
- 停 tíng ― やむ;止まる
- 再 zài ― また;それから
- 讨论 tǎolùn ― 討論する
- 又 yòu ― また

Task:1	前回ユニットの復習 **Unit 63** Task: **9**
Task:2	7ユニット前の復習 **Unit 57** Task: **9**
Task:3	28ユニット前の復習 **Unit 36** Task: **9**

このユニットの学習日（全タスクを完了した日）
- □ 1回目　　年　月　日　MEMO
- □ 2回目　　年　月　日　MEMO
- □ 3回目　　年　月　日　MEMO
- □ 4回目　　年　月　日　MEMO

"就 jiù"と"才 cái"

"就 jiù"は「すぐに」という意味を表します。

5 他们 八 点 钟 就 来 了。
Tāmen bā diǎn zhōng jiù lái le.

"才 cái"は「やっと」という意味を表します。

6 雨 到了 半夜 才 停。
Yǔ dàole bànyè cái tíng.

"再 zài"と"又 yòu"

"再 zài"はこれから行われる動作について「また」という意味を表します。

7 我们 明天 再 讨论 吧。
Wǒmen míngtiān zài tǎolùn ba.

"又 yòu"はすでに行われた動作について「また」という意味を表します。

8 那个 人 昨天 来 了, 今天 又 来 了。
Nèige rén zuótiān lái le, jīntiān yòu lái le.

例文の和訳　　Task:9｜日本語を見て中国語を暗唱する（10回）

- 1 わたしはここの生活にもう慣れました。
- 2 あなたはまだわたしを覚えていますか？
- 3 わたしはもうご飯を食べた。
- 4 わたしはまだご飯を食べていない。
- 5 彼らは8時にはもう来た。
- 6 雨は夜中になってやっとやんだ。
- 7 わたしたちは明日また話し合いましょう。
- 8 あの人は昨日来て、今日また来た。

Unit 65
動作の経験

CD 62	☑ Task:4 このユニットの内容をよく読む
	☑ Task:5 CDの音声をよく聞く (10回)
	☑ Task:6 CDの音声を聞いて中国語の例文を発音する (10回)
	☑ Task:7 CDの音声を聞かずに中国語の例文を音読する (10回)

「～したことがある」という動作の経験を表すには動詞の後に"过 guo"を付けます。

動詞 + 过 guo

☑1 我 喝过 茅台酒。
Wǒ hēguo máotáijiǔ.

☑2 你 听过 中国 音乐 吗?
Nǐ tīngguo Zhōngguó yīnyuè ma?

「(その動作を) 済ませている」というときにも「動詞＋"过 guo"」を使うことができます。

☑3 樱花 已经 开过 了。
Yīnghuā yǐjing kāiguo le.

☑4 我 问过 他 以后，再 回答 你。
Wǒ wènguo tā yǐhòu, zài huídá nǐ.

新出単語　☑ Task:8 中国語とピンインをノートに書く (10回)

- ☑ 过 guo ―〈助詞〉動作の経験や経過を表す
- ☑ 茅台酒 máotáijiǔ ― マオタイ酒
- ☑ 音乐 yīnyuè ― 音楽
- ☑ 樱花 yīnghuā ― サクラの花
- ☑ 问 wèn ― 聞く；尋ねる
- ☑ 以后 yǐhòu ― ～の後
- ☑ 回答 huídá ― 答える

Task:1	前回ユニットの復習 **Unit 64** Task:**9**
Task:2	7ユニット前の復習 **Unit 58** Task:**9**
Task:3	28ユニット前の復習 **Unit 37** Task:**9**

| このユニットの学習日
（全タスクを完了した日） | ☐ 1回目
　年　月　日
MEMO | ☐ 2回目
　年　月　日
MEMO | ☐ 3回目
　年　月　日
MEMO | ☐ 4回目
　年　月　日
MEMO |

例文の和訳　　Task:9 | 日本語を見て中国語を暗唱する（10回）

1 わたしはマオタイ酒を飲んだことがある。
2 あなたは中国の音楽を聞いたことがありますか？
3 サクラの花はもう咲いた。
4 彼に聞いてからあなたにお答えします。

Unit 66
「動詞＋"过"」の否定

CD 63	☑☑ Task:4 ｜ このユニットの内容をよく読む
	☑☑ Task:5 ｜ CDの音声をよく聞く (10回)
	☑☑ Task:6 ｜ CDの音声を聞いて中国語の例文を発音する (10回)
	☑☑ Task:7 ｜ CDの音声を聞かずに中国語の例文を音読する (10回)

「〜したことがない」あるいは「〜を済ませていない」というときには"没 méi（有 yǒu）"で否定し、"过 guo"はそのまま残しておきます。

$$没(有)_{méi(yǒu)} + 動詞 + 过_{guo}$$

☑☑ 1 我 没 见过 孙 教授。
Wǒ méi jiànguo Sūn jiàoshòu.

☑☑ 2 她 没有 爬过 泰山。
Tā méiyǒu páguo Tàishān.

☑☑ 3 你 读过 这 本 杂志 没有？
Nǐ dúguo zhè běn zázhì méiyǒu?

☑☑ 4 那 封 信 我 还 没 看过 呢。
Nà fēng xìn wǒ hái méi kànguo ne.

新出単語　☑☑ Task:8 ｜ 中国語とピンインをノートに書く (10回)

- ☑☑ 孙 Sūn ──〈姓〉孫
- ☑☑ 教授 jiàoshòu ── 教授
- ☑☑ 爬 pá ── 登る
- ☑☑ 泰山 Tàishān ── 泰山（山東省にある山の名）
- ☑☑ 读 dú ── 読む
- ☑☑ 杂志 zázhì ── 雑誌
- ☑☑ 封 fēng ──〈量詞〉手紙を数える
- ☑☑ 信 xìn ── 手紙

Task:1	前回ユニットの復習 **Unit 65** Task:**9**
Task:2	7ユニット前の復習 **Unit 59** Task:**9**
Task:3	28ユニット前の復習 **Unit 38** Task:**9**

このユニットの学習日（全タスクを完了した日）

- □ 1回目　年　月　日　MEMO
- □ 2回目　年　月　日　MEMO
- □ 3回目　年　月　日　MEMO
- □ 4回目　年　月　日　MEMO

例文の和訳　　Task:**9** | 日本語を見て中国語を暗唱する（10回）

1. わたしは孫教授に会ったことがない。
2. 彼女は泰山に登ったことがない。
3. あなたはこの雑誌を読んだことがありますか？
4. その手紙をわたしはまだ読んでいない。

Unit 67
禁止の表し方

	Task: 4	このユニットの内容をよく読む
CD 64	Task: 5	CDの音声をよく聞く (10回)
	Task: 6	CDの音声を聞いて中国語の例文を発音する (10回)
	Task: 7	CDの音声を聞かずに中国語の例文を音読する (10回)

ここでは禁止の表現について学びましょう。

不要 búyào ……

1. 不要 乱 扔 垃圾。
   Búyào luàn rēng lājī.

别 bié ……

2. 你 别 相信 她。
   Nǐ bié xiāngxìn tā.

3. 别 再 哭 了。
   Bié zài kū le.

いま行っている動作をやめさせるときには、例文3のようによく文末に語気助詞の"了 le"を用います。

不能 bù néng ……

4. 你 不 能 开 玩笑。
   Nǐ bù néng kāi wánxiào.

新出単語　　Task: 8 | 中国語とピンインをノートに書く (10回)

- 不要 búyào ― ~してはいけない
- 乱 luàn ― やたらに
- 扔 rēng ― 投げる;捨てる
- 垃圾 lājī ― ゴミ
- 别 bié ― ~してはいけない
- 相信 xiāngxìn ― 信じる
- 哭 kū ― 泣く
- 开玩笑 kāi wánxiào ― 冗談を言う

144

Task:1	前回ユニットの復習 **Unit 66** Task:**9**
Task:2	7ユニット前の復習 **Unit 60** Task:**9**
Task:3	28ユニット前の復習 **Unit 39** Task:**9**

このユニットの学習日
（全タスクを完了した日）

☐ 1回目　年　月　日　MEMO
☐ 2回目　年　月　日　MEMO
☐ 3回目　年　月　日　MEMO
☐ 4回目　年　月　日　MEMO

例文の和訳　　Task:9 | 日本語を見て中国語を暗唱する（10回）

1 やたらにゴミを捨ててはいけません。
2 彼女を信じてはいけない。
3 もう泣くのはやめなさい。
4 冗談を言ってはいけない。

Unit 68
補語

CD 65	Task:4 このユニットの内容をよく読む
	Task:5 CDの音声をよく聞く (10回)
	Task:6 CDの音声を聞いて中国語の例文を発音する (10回)
	Task:7 CDの音声を聞かずに中国語の例文を音読する (10回)

動詞や形容詞の後に置かれ、動作や状態の程度、結果、方向、可能、動作の回数（動量）、動作を行う時間（時量）などについて補足説明する語が「補語」です。

動詞／形容詞 ＋ 補語

1. 跑 得 快　　程度補語
   pǎo de kuài

2. 做 完　　結果補語
   zuò wán

3. 走 来　　方向補語
   zǒu lai

4. 做 得 到　　可能補語
   zuò de dào

5. 去 一 次　　動量補語
   qù yí cì

6. 看 一 个 小时　　時量補語
   kàn yí ge xiǎoshí

新出単語　　Task:8 中国語とピンインをノートに書く (10回)

- 跑 pǎo ── 駆ける
- 得 de ──〈助詞〉程度補語や可能補語を導く
- 完 wán ── 終わる
- 次 cì ── ～回；～度
- 小时 xiǎoshí ── ～時間

☑☑ Task:**1**	前回ユニットの復習 **Unit 67** Task:**9**
☑☑ Task:**2**	7ユニット前の復習 **Unit 61** Task:**9**
☑☑ Task:**3**	28ユニット前の復習 **Unit 40** Task:**9**

| このユニットの学習日
（全タスクを完了した日） | ☐ 1回目
年　月　日
MEMO | ☐ 2回目
年　月　日
MEMO | ☐ 3回目
年　月　日
MEMO | ☐ 4回目
年　月　日
MEMO |

例文の和訳　　☑☑ Task:**9** | 日本語を見て中国語を暗唱する（10回）

- ☑☑ **1** 駆けるのが速い
- ☑☑ **2** やり終える
- ☑☑ **3** 歩いて来る
- ☑☑ **4** することができる
- ☑☑ **5** 1回行く
- ☑☑ **6** 1時間見る

Unit 69
程度補語

	Task:4	このユニットの内容をよく読む
CD 66	Task:5	CDの音声をよく聞く (10回)
	Task:6	CDの音声を聞いて中国語の例文を発音する (10回)
	Task:7	CDの音声を聞かずに中国語の例文を音読する (10回)

動作の程度などを表すのが程度補語です。動詞（あるいは形容詞）と程度補語の間に"得 de"を用います。

[動詞／形容詞] + [得 de] + [程度補語]

1　风 刮 得 很 大。
　　Fēng guā de hěn dà.

2　牙 疼 得 厉害。
　　Yá téng de lìhai.

否定形は補語の部分を"不 bù"で否定します。

[動詞] + [得 de] + [不 bù] + [程度補語]

3　工作 进行 得 不 顺利。
　　Gōngzuò jìnxíng de bú shùnlì.

動詞が目的語を取る場合は次の語順になります。

新出単語　　Task:8 | 中国語とピンインをノートに書く (10回)

- 风 fēng — 風
- 刮 guā — 吹く
- 大 dà — (雨や風などが)強い；大きい
- 牙 yá — 歯
- 疼 téng — 痛い
- 厉害 lìhai — ひどい
- 进行 jìnxíng — 進める；行う
- 顺利 shùnlì — 順調である
- 王 Wáng — 〈姓〉王
- 卡拉OK kǎlā OK — カラオケ
- 英语 Yīngyǔ — 英語
- 怎么样 zěnmeyàng — どのようであるか
- 流利 liúlì — 流ちょうである

148

☐ Task:1	前回ユニットの復習 **Unit 68** Task: **9**
☐ Task:2	7ユニット前の復習 **Unit 62** Task: **9**
☐ Task:3	28ユニット前の復習 **Unit 41** Task: **9**

| このユニットの学習日
(全タスクを完了した日) | ☐ 1回目
　年　月　日
MEMO | ☐ 2回目
　年　月　日
MEMO | ☐ 3回目
　年　月　日
MEMO | ☐ 4回目
　年　月　日
MEMO |

動詞 ＋ 目的語 ＋ 動詞 ＋ 得(de) ＋ 程度補語

4 小 王 唱 卡拉OK 唱 得 很 好。
Xiǎo Wáng chàng kǎlā OK chàng de hěn hǎo.

動詞を繰り返さずに目的語を動詞の前に置くこともできます。

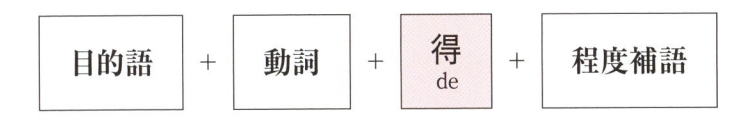

目的語 ＋ 動詞 ＋ 得(de) ＋ 程度補語

5 她 英语 说 得 怎么样？
Tā Yīngyǔ shuō de zěnmeyàng?

6 说 得 很 流利。
Shuō de hěn liúlì.

例文の和訳　　Task:9｜日本語を見て中国語を暗唱する（10回）

1 風が強く吹いている。
2 歯がひどく痛い。
3 仕事は順調に進んでいない。
4 王さんはカラオケが上手だ。
5 彼女の英語は(話すのは)どうですか？
6 (話すのは)流ちょうです。

149

Unit 70
結果補語

- Task:4 このユニットの内容をよく読む
- Task:5 CDの音声をよく聞く (10回)
- Task:6 CDの音声を聞いて中国語の例文を発音する (10回)
- Task:7 CDの音声を聞かずに中国語の例文を音読する (10回)

動詞の後に置かれ、動作が行われた結果を表すのが結果補語です。

動詞 ＋ 結果補語

1. 我 来晚 了。
   Wǒ láiwǎn le.

2. 长大 了, 你 想 当 什么?
   Zhǎngdà le, nǐ xiǎng dāng shénme?

動詞と結果補語は結合の度合が強いので、動態助詞の"了 le"や"过 guo"および目的語をその間に入れることはできず、「動詞＋結果補語」の後に置きます。

3. 他 买到 飞机票 了。
   Tā mǎidào fēijīpiào le.

4. 我 一定 要 学好 中文。
   Wǒ yídìng yào xuéhǎo Zhōngwén.

新出単語　　Task:8 中国語とピンインをノートに書く (10回)

- 晚 wǎn —— 遅い;遅れる
- 长 zhǎng —— 成長する
- 想 xiǎng —— 〜したい
- 当 dāng —— 〜になる
- 飞机票 fēijīpiào —— 航空券
- 学 xué —— 学ぶ
- 报告 bàogào —— 報告;レポート

Task:1	前回ユニットの復習 **Unit 69** Task:**9**
Task:2	7ユニット前の復習 **Unit 63** Task:**9**
Task:3	28ユニット前の復習 **Unit 42** Task:**9**

| このユニットの学習日
(全タスクを完了した日) | □ 1回目
　年　月　日
MEMO | □ 2回目
　年　月　日
MEMO | □ 3回目
　年　月　日
MEMO | □ 4回目
　年　月　日
MEMO |

「動詞＋結果補語」の形を否定するときにはふつう"没(有) méi(yǒu)"を用います。

没(有) méi(yǒu) ＋ 動詞 ＋ 結果補語

5　我 还 没有 写完 报告。
　　Wǒ hái méiyǒu xiěwán bàogào.

例文の和訳　　Task:9 | 日本語を見て中国語を暗唱する (10回)

1 わたしは来るのが遅れた。
2 大きくなったら、君は何になりたいの？
3 彼は航空券を買えた。
4 わたしはきっと中国語をマスターするつもりだ。
5 わたしはまだレポートを書き終えていない。

Unit 71
方向補語

CD 68
- Task: 4 | このユニットの内容をよく読む
- Task: 5 | CDの音声をよく聞く (10回)
- Task: 6 | CDの音声を聞いて中国語の例文を発音する (10回)
- Task: 7 | CDの音声を聞かずに中国語の例文を音読する (10回)

動作が行われる方向を表すのが方向補語です。動作が向かって来れば方向補語"来 lái"を、動作が遠ざかって行けば方向補語"去 qù"を動詞の後に付けます。動詞のすぐ後に置かれる方向補語の"来""去"はふつう軽声で読まれます。

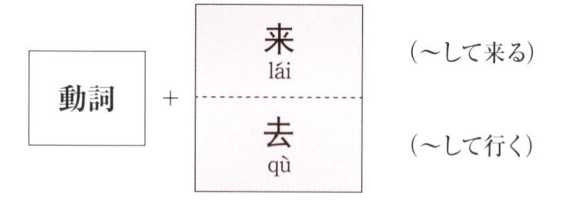

動詞 + 来 lái （〜して来る）
　　　 去 qù （〜して行く）

1 老 赵 走来 了。
Lǎo Zhào zǒulai le.

2 小 杨 出去 了。
Xiǎo Yáng chūqu le.

3 你 快 上来 吧！
Nǐ kuài shànglai ba!

4 孩子们 在 公园 里 跑来 跑去。
Háizimen zài gōngyuán li pǎolai pǎoqu.

新出単語　　Task: 8 | 中国語とピンインをノートに書く (10回)

- 赵 Zhào —〈姓〉趙
- 杨 Yáng —〈姓〉楊
- 出去 chūqu — 出て行く
- 上来 shànglai — 上がって来る
- 公园 gōngyuán — 公園

Task:1	前回ユニットの復習 **Unit 70** Task:**9**
Task:2	7ユニット前の復習 **Unit 64** Task:**9**
Task:3	28ユニット前の復習 **Unit 43** Task:**9**

| このユニットの学習日
（全タスクを完了した日） | □ 1回目
　　年　　月　　日
MEMO | □ 2回目
　　年　　月　　日
MEMO | □ 3回目
　　年　　月　　日
MEMO | □ 4回目
　　年　　月　　日
MEMO |

　例文4の"跑来跑去 pǎolai pǎoqu"のように、同じ動詞や同類の動詞の後に"来""去"を付けて、その動作が繰り返し行われることを表します。"想来想去 xiǎnglai xiǎngqu"は「あれこれ考える」という意味です。

例文の和訳　　Task:9 | 日本語を見て中国語を暗唱する（10回）

1 趙さんが歩いて来た。
2 楊さんは出て行った。
3 早く上がって来なさい！
4 子どもたちは公園で駆けずり回っている。

Unit 72
方向補語と目的語の位置

CD 69

- ☑☑ Task:4 | このユニットの内容をよく読む
- ☑☑ Task:5 | CDの音声をよく聞く (10回)
- ☑☑ Task:6 | CDの音声を聞いて中国語の例文を発音する (10回)
- ☑☑ Task:7 | CDの音声を聞かずに中国語の例文を音読する (10回)

　動詞が目的語を取る場合、目的語が場所を表す語であれば方向補語の"来 lái"あるいは"去 qù"の前に置きます。

動詞 ＋ 目的語(場所) ＋ 来 lái / 去 qù

☑☑ 1　爸爸 回 家 来 了。
　　　Bàba huí jiā lái le.

☑☑ 2　老师 进 教室 去 了。
　　　Lǎoshī jìn jiàoshì qù le.

　目的語が物であり、これから動作が行われるのであれば"来 lái"あるいは"去 qù"の前に置きます。

新出単語　☑☑ Task:8 | 中国語とピンインをノートに書く (10回)

- ☑☑ 进 jìn — 入る
- ☑☑ 教室 jiàoshì — 教室
- ☑☑ 带 dài — 持つ;携える
- ☑☑ 雨伞 yǔsǎn — 傘
- ☑☑ 女儿 nǚ'ér — 娘
- ☑☑ 国外 guówài — 国外;外国
- ☑☑ 寄 jì — 郵送する

Task:1	前回ユニットの復習 **Unit 71** Task:**9**
Task:2	7ユニット前の復習 **Unit 65** Task:**9**
Task:3	28ユニット前の復習 **Unit 44** Task:**9**

このユニットの学習日（全タスクを完了した日）
- □ 1回目　年　月　日　MEMO
- □ 2回目　年　月　日　MEMO
- □ 3回目　年　月　日　MEMO
- □ 4回目　年　月　日　MEMO

動詞 ＋ 目的語（物） ＋ 来 lái／去 qù

3 你 带 雨伞 去 吧。
Nǐ dài yǔsǎn qù ba.

すでに動作が行われているのであれば"来 lái"あるいは"去 qù"の後に置くこともできます。

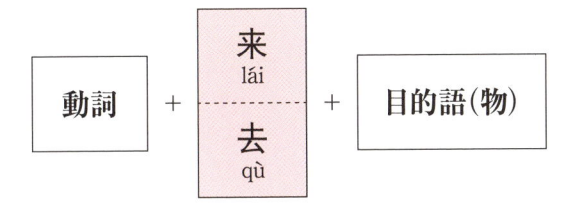

動詞 ＋ 来 lái／去 qù ＋ 目的語（物）

4 女儿 从 国外 寄来了 一 封 信。
Nǚ'ér cóng guówài jìlaile yì fēng xìn.

例文の和訳　　Task:9｜日本語を見て中国語を暗唱する（10回）

1 お父さんが家に帰って来た。
2 先生が教室に入って行った。
3 あなた傘を持って行きなさい。
4 娘が外国から手紙を寄こした。

Unit 73
複合方向補語

CD 70
- Task:4 | このユニットの内容をよく読む
- Task:5 | CDの音声をよく聞く (10回)
- Task:6 | CDの音声を聞いて中国語の例文を発音する (10回)
- Task:7 | CDの音声を聞かずに中国語の例文を音読する (10回)

"上 shàng"（上がる）、"下 xià"（下りる）のような方向性を持った動詞と"来 lái"あるいは"去 qù"を組み合わせたものが複合方向補語で、動詞の後に付けます。

動詞 + 方向性を持つ動詞 + 来 lái / 去 qù

	上 shàng	下 xià	进 jìn	出 chū	回 huí	过 guò	起 qǐ
来 lái	上来 shànglai（上がって来る）	下来 xiàlai（下りて来る）	进来 jìnlai（入って来る）	出来 chūlai（出て来る）	回来 huílai（戻って来る）	过来 guòlai（過ぎて来る）	起来 qǐlai（起きて来る）
去 qù	上去 shàngqu（上がって行く）	下去 xiàqu（下りて行く）	进去 jìnqu（入って行く）	出去 chūqu（出て行く）	回去 huíqu（戻って行く）	过去 guòqu（過ぎて行く）	—

1　他们 爬上来 了。
　　Tāmen páshànglai　le.

新出単語　Task:8 | 中国語とピンインをノートに書く (10回)

- 楼上 lóushàng ── 階上：上の階
- 下去 xiàqu ── 下りて行く（派生的用法[Unit 75]もある）
- 郭 Guō ──〈姓〉郭
- 出来 chūlai ── 出て来る
- 鱼 yú ── 魚
- 游 yóu ── 泳ぐ
- 过去 guòqu ── 過ぎて行く
- 起来 qǐlai ── 起きて来る

Task:1	前回ユニットの復習 **Unit 72** Task:**9**
Task:2	7ユニット前の復習 **Unit 66** Task:**9**
Task:3	28ユニット前の復習 **Unit 45** Task:**9**

2
她 从 楼上 跑下去 了。
Tā cóng lóushàng pǎoxiàqu le.

3
郭 老师 从 教室 走出来 了。
Guō lǎoshī cóng jiàoshì zǒuchūlai le.

4
那 条 鱼 游过去 了。
Nà tiáo yú yóuguòqu le.

5
他 站起来 了。
Tā zhànqǐlai le.

例文の和訳　　Task:9 | 日本語を見て中国語を暗唱する (10回)

1 彼らは登って来た。
2 彼女は2階から駆け下りて行った。
3 郭先生が教室から出て来た。
4 その魚は泳いで行った。
5 彼は立ち上がった。

Unit 74
複合方向補語と目的語の位置

CD 71

- Task:4 | このユニットの内容をよく読む
- Task:5 | CDの音声をよく聞く (10回)
- Task:6 | CDの音声を聞いて中国語の例文を発音する (10回)
- Task:7 | CDの音声を聞かずに中国語の例文を音読する (10回)

動詞が目的語を取る場合、目的語が場所を表す語であれば"来 lái"あるいは"去 qù"の前に置きます。

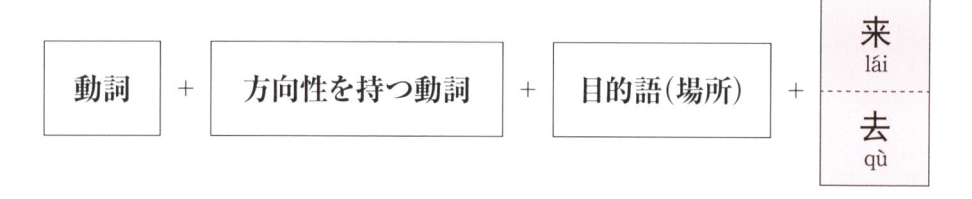

動詞 + 方向性を持つ動詞 + 目的語（場所） + 来 lái / 去 qù

1. 他 走过 桥 来 了。
   Tā zǒuguò qiáo lái le.

2. 那 辆 卡车 开出 工厂 去 了。
   Nà liàng kǎchē kāichū gōngchǎng qù le.

目的語が物であり、これから動作が行われるのであれば"来 lái"あるいは"去 qù"の前に置きます。

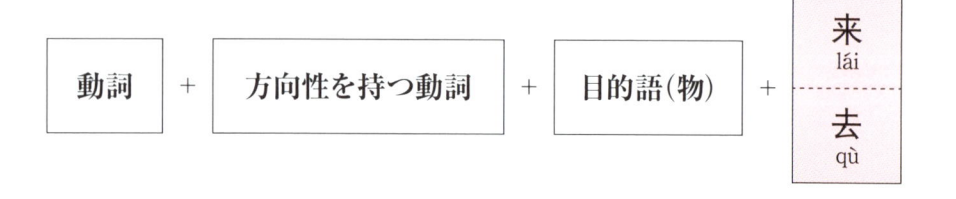

動詞 + 方向性を持つ動詞 + 目的語（物） + 来 lái / 去 qù

新出単語 Task:8 | 中国語とピンインをノートに書く (10回)

- 桥 qiáo — 橋
- 辆 liàng — 〈量詞〉車両を数える
- 卡车 kǎchē — トラック
- 工厂 gōngchǎng — 工場
- 口袋 kǒudai — ポケット
- 掏 tāo — （中に手を入れて）取り出す
- 块 kuài — 〈量詞〉主にかたまりや片状の物を数える
- 手绢儿 shǒujuànr — ハンカチ

Task:1	前回ユニットの復習 **Unit 73** Task:**9**
Task:2	7ユニット前の復習 **Unit 67** Task:**9**
Task:3	28ユニット前の復習 **Unit 46** Task:**9**

3 姐姐 买回 很 多 东西 来 了。
Jiějie mǎihuí hěn duō dōngxi lái le.

すでに動作が行われたのであれば"来 lái"あるいは"去 qù"の後に置くこともできます。

動詞 + 方向性を持つ動詞 + 来 lái / 去 qù + 目的語

4 他 从 口袋 里 掏出来 一 块 手绢儿。
Tā cóng kǒudai li tāochūlai yí kuài shǒujuànr.

例文の和訳 　Task:9 | 日本語を見て中国語を暗唱する (10回)

1 彼は橋を渡って来た。
2 そのトラックは工場を出て行った。
3 お姉さんはたくさん買い物をして来た。
4 彼はポケットからハンカチを取り出した。

159

Unit 75
複合方向補語の派生的用法

- Task:4 | このユニットの内容をよく読む
- Task:5 | CDの音声をよく聞く (10回)
- Task:6 | CDの音声を聞いて中国語の例文を発音する (10回)
- Task:7 | CDの音声を聞かずに中国語の例文を音読する (10回)

CD 72

複合方向補語の中には原義（もとの意味）から派生した意味を表すものがあります。

下来 xiàlai
原義：高いところから低いところに下りて来る

1. 她 从 楼上 走下来 了。
   Tā cóng lóushàng zǒuxiàlai le.

派生的意味：動的な状態から静的な状態に向かう

2. 天 渐渐 黑下来 了。
   Tiān jiànjiàn hēixiàlai le.

例文2の"黑 hēi"は形容詞ですが、「暗くなる」という動詞的な意味を表しています。

下去 xiàqu
原義：高いところから低いところに下りて行く

3. 他 从 楼梯 上 摔了 下去。
   Tā cóng lóutī shang shuāile xiàqu.

派生的意味：継続する

4. 这本 小说 我 不 想 再 看下去 了。
   Zhè běn xiǎoshuō wǒ bù xiǎng zài kànxiàqu le.

新出単語　　Task:8 | 中国語とピンインをノートに書く (10回)

- 下来 xiàlai — 下りて来る（派生的用法もある）
- 渐渐 jiànjiàn — だんだんと
- 黑 hēi — 暗い；黒い
- 楼梯 lóutī — 階段
- 摔 shuāi — 転ぶ；落下する
- 小说 xiǎoshuō — 小説

Task:**1**	前回ユニットの復習	**Unit 74** Task:**9**
Task:**2**	7ユニット前の復習	**Unit 68** Task:**9**
Task:**3**	28ユニット前の復習	**Unit 47** Task:**9**

このユニットの学習日
（全タスクを完了した日）

□ 1回目　年　月　日　MEMO
□ 2回目　年　月　日　MEMO
□ 3回目　年　月　日　MEMO
□ 4回目　年　月　日　MEMO

　例文4の"再 zài"は前にある"不 bù"と呼応して「もう～しない」「これ以上～しない」の意を表します。

例文の和訳　　Task:**9** | 日本語を見て中国語を暗唱する (10回)

1　彼女は2階から下りて来た。
2　空がだんだん暗くなって来た。
3　彼は階段から転げ落ちて行った。
4　この小説をわたしはもう読み続けたくなくなった。

Unit 76
可能補語

CD 73	■■ Task:4	このユニットの内容をよく読む
	■■ Task:5	CDの音声をよく聞く (10回)
	■■ Task:6	CDの音声を聞いて中国語の例文を発音する (10回)
	■■ Task:7	CDの音声を聞かずに中国語の例文を音読する (10回)

　動作を行い、その結果を得ることができるか否か、および動作の向かう方向が可能か否かを表すのが可能補語です。可能補語は「動詞＋結果補語」あるいは「動詞＋方向補語」の形から作ることができます。

肯定形

動詞 ＋ 得 de ＋ 結果補語／方向補語

■■ 1　中文 广播 你 听得懂 吗?
　　　Zhōngwén guǎngbō nǐ tīngdedǒng ma?

■■ 2　听得懂。
　　　Tīngdedǒng.

■■ 3　我 七 点 以前 肯定 回得来。
　　　Wǒ qī diǎn yǐqián kěndìng huídelái.

新出単語　　■■ Task:8 | 中国語とピンインをノートに書く (10回)

- ■■ 广播 guǎngbō —— 放送
- ■■ 懂 dǒng —— 分かる
- ■■ 以前 yǐqián —— 以前
- ■■ 肯定 kěndìng —— 必ず
- ■■ 谜底 mídǐ —— なぞなぞの答え
- ■■ 猜 cāi —— 当てる
- ■■ 着 zháo —— 結果補語として用い、「目的に到達する」の意を表す
- ■■ 房租 fángzū —— 家賃
- ■■ 住 zhù —— 住む；結果補語として用い、「固定する」の意を表す
- ■■ 起 qǐ —— 「動詞＋"得 de/不 bu"」の形の後に用い、耐え得る能力を備えているか否かを表す
- ■■ 生词 shēngcí —— 新出単語
- ■■ 记 jì —— 覚える

162

Task:1	前回ユニットの復習 **Unit 75** Task: **9**
Task:2	7ユニット前の復習 **Unit 69** Task: **9**
Task:3	28ユニット前の復習 **Unit 48** Task: **9**

このユニットの学習日（全タスクを完了した日）

- □ 1回目　年　月　日　MEMO
- □ 2回目　年　月　日　MEMO
- □ 3回目　年　月　日　MEMO
- □ 4回目　年　月　日　MEMO

否定形

動詞 ＋ 不(bu) ＋ 結果補語／方向補語

4 这个 谜底 我 猜不着。
Zhèige mídǐ wǒ cāibuzháo.

5 房租 太 贵，我们 住不起。
Fángzū tài guì, wǒmen zhùbuqǐ.

6 这些 生词 你们 记得住 记不住?
Zhèxiē shēngcí nǐmen jìdezhù jìbuzhù?

例文6は肯定形と否定形を並べた反復疑問文です。

例文の和訳　　Task:9 | 日本語を見て中国語を暗唱する (10回)

- **1** 中国語の放送をあなたは聞いて分かりますか？
- **2** （聞いて）分かります。
- **3** わたしは7時前には必ず戻って来られます。
- **4** このなぞなぞの答えをわたしは当てることができません。
- **5** 家賃が高すぎて、わたしたちは住めない。
- **6** これらの新出単語をあなたたちは覚えられますか？

Unit 77
動量補語

- Task:4 | このユニットの内容をよく読む
- Task:5 | CDの音声をよく聞く (10回)
- Task:6 | CDの音声を聞いて中国語の例文を発音する (10回)
- Task:7 | CDの音声を聞かずに中国語の例文を音読する (10回)

CD 74

動作の回数を表すのが動量補語です。

動詞 + 動量補語

1. 我 想 参观 一 次。
   Wǒ xiǎng cānguān yí cì.

2. 迟到 三 回 就 算 缺席 一 回。
   Chídào sān huí jiù suàn quēxí yì huí.

動量補語を伴う動詞が目的語を取る場合、ふつうは目的語を動量補語の後に置きます。

動詞 + 動量補語 + 目的語

3. 我 在 北京 坐过 一 次 公共 汽车。
   Wǒ zài Běijing zuòguo yí cì gōnggòng qìchē.

目的語が特定の人や地名であれば、動量補語の前に置くこともできます。

新出単語 Task:8 | 中国語とピンインをノートに書く (10回)

- 参观 cānguān — 参観する；見学する
- 迟到 chídào — 遅刻する
- 回 huí — ～回
- 就 jiù — ～したら
- 算 suàn — ～と見なす
- 缺席 quēxí — 欠席する
- 北京 Běijīng — 北京
- 公共汽车 gōnggòng qìchē — バス
- 昆明 Kūnmíng — 昆明
- 遍 biàn — ～遍
- 课文 kèwén — (テキストの)本文
- 念 niàn — (声を出して)読む

Task:1	前回ユニットの復習 **Unit 76** Task:**9**
Task:2	7ユニット前の復習 **Unit 70** Task:**9**
Task:3	28ユニット前の復習 **Unit 49** Task:**9**

動詞 ＋ 目的語 ＋ 動量補語

4 他 去过 昆明 两 回。
Tā qùguo Kūnmíng liǎng huí.

動作の始めから終わりまでの全過程に着目した場合には"遍 biàn"を使います。

5 请 再 说 一 遍。
Qǐng zài shuō yí biàn.

6 课文 你 念了 几 遍？
Kèwén nǐ niànle jǐ biàn?

例文の和訳　　Task:9 | 日本語を見て中国語を暗唱する（10回）

1 わたしは1度見学したい。
2 3回遅刻したら1回の欠席とみなす。
3 わたしは北京でバスに1回乗ったことがある。
4 彼は昆明に2回行ったことがある。
5 もう1度言ってください。
6 本文をあなたは何度読みましたか？

Unit 78
時量補語

- Task:4 | このユニットの内容をよく読む
- Task:5 | CDの音声をよく聞く(10回)
- Task:6 | CDの音声を聞いて中国語の例文を発音する(10回)
- Task:7 | CDの音声を聞かずに中国語の例文を音読する(10回)

(CD 75)

動作を行う時間の長さを表すのが時量補語です。

動詞 ＋ 時量補語

1. 咱们 休息 十 分 钟 吧。
   Zánmen xiūxi shí fēn zhōng ba.

時量補語を伴う動詞が目的語を取る場合、目的語がふつうの事物であれば、動詞をもう一度繰り返し、繰り返した動詞の後に時量補語を置きます。

動詞 ＋ 目的語 ＋ 動詞 ＋ 時量補語

2. 弟弟 玩儿 游戏 玩儿了 一 下午。
   Dìdi wánr yóuxì wánrle yí xiàwǔ.

「動詞＋目的語」の関係であることを明示する必要がなければ、動詞を繰り返さずに時量補語の後に目的語を置くこともできます。

新出単語　　Task:8 | 中国語とピンインをノートに書く(10回)

- 咱们 zánmen ── わたしたち（相手も含めた、親しみを込めた言い方）
- 休息 xiūxi ── 休憩する
- 玩儿 wánr ── 遊ぶ
- 游戏 yóuxì ── ゲーム
- 一 yī ── 〜全部
- 半天 bàntiān ── 半日;長い時間

Task:1	前回ユニットの復習 **Unit 77** Task:**9**
Task:2	7ユニット前の復習 **Unit 71** Task:**9**
Task:3	28ユニット前の復習 **Unit 50** Task:**9**

| このユニットの学習日
（全タスクを完了した日） | □ 1回目
　年　月　日
MEMO | □ 2回目
　年　月　日
MEMO | □ 3回目
　年　月　日
MEMO | □ 4回目
　年　月　日
MEMO |

動詞 ＋ 時量補語 ＋ 目的語

3 她 每 天 都 学习 一 个 小时 中文。
　　Tā měi tiān dōu xuéxí yí ge xiǎoshí Zhōngwén.

目的語が代名詞であれば、時量補語の前に置きます。

動詞 ＋ 目的語 ＋ 時量補語

4 我 们 等 了 你 半天。
　　Wǒmen děngle nǐ bàntiān.

例文の和訳　　Task:**9** | 日本語を見て中国語を暗唱する（10回）

1 （わたしたち）10分間休みましょう。
2 弟はゲームを午後中やった。
3 彼女は毎日1時間中国語を勉強する。
4 わたしたちは君をずいぶん待った。

Unit 79
離合詞

- Task:4 | このユニットの内容をよく読む
- Task:5 | CDの音声をよく聞く (10回)
- Task:6 | CDの音声を聞いて中国語の例文を発音する (10回)
- Task:7 | CDの音声を聞かずに中国語の例文を音読する (10回)

辞書を引くと一つの単語として出ていますが、その単語を構成する語素（意味を持つ最小の単位）を離して使うことができるものを「離合詞」と言います。「離合」とは「離れたり合わさったりする」という意味で、大部分の離合詞は「動詞＋目的語」の構造です。いくつか例を見てみましょう。

结婚 jié//hūn

1. 他结过一次婚。
   Tā jiéguo yí cì hūn.

睡觉 shuì//jiào

2. 昨天我睡了十个小时觉。
   Zuótiān wǒ shuìle shí ge xiǎoshí jiào.

请假 qǐng//jià

3. 老白从来没请过假。
   Lǎo Bái cónglái méi qǐngguo jià.

毕业 bì//yè

4. 他恐怕毕不了业。
   Tā kǒngpà bìbuliǎo yè.

新出単語　Task:8 | 中国語とピンインをノートに書く (10回)

- 白 Bái ──〈姓〉白
- 从来 cónglái ── 今まで；これまで
- 请假 qǐngjià ── 休暇を取る
- 恐怕 kǒngpà ── 恐らく
- 毕业 bìyè ── 卒業する
- 了 liǎo ──「動詞＋"得 de/不 bu"」の形の後に用い、可能あるいは不可能を表す

Task: **1**	前回ユニットの復習 **Unit 78** Task: **9**
Task: **2**	7ユニット前の復習 **Unit 72** Task: **9**
Task: **3**	28ユニット前の復習 **Unit 51** Task: **9**

このユニットの学習日 (全タスクを完了した日)	□ 1 回目 年　月　日 MEMO	□ 2 回目 年　月　日 MEMO	□ 3 回目 年　月　日 MEMO	□ 4 回目 年　月　日 MEMO

■ 二つ以上の読み方がある字

　中国語を表記する文字である漢字は、一つの字は基本的に一つの読み方しかありません。この点では、日本語には音読みと訓読みがあるのに比べて、中国語のほうが学習の負担は軽いと言えます。しかし1字1音の原則に反して、次のように二つ以上の読み方を持つ字もあるので注意が必要です。

了：①事柄の実現や状態の変化を表す助詞として用いられる場合は"le"と発音します。
　　②可能補語として用いられる場合は"liǎo"と発音します。
　　※①の用法であっても歌の中で歌詞として歌われるときは"liǎo"と発音します。

着：①動作や状態の持続を表す助詞として用いられる場合は"zhe"と発音します。
　　②将棋や囲碁で駒や石を動かす回数を数える「次の一手」などという「手」の意を表すときには"zhāo"と発音します。
　　③"着火 zháohuǒ"（火事になる）や"着凉 zháoliáng"（風邪をひく）などというときには"zháo"と発音します。
　　④"着手 zhuóshǒu"（着手する）や"着眼 zhuóyǎn"（着眼する）などというときには"zhuó"と発音します。

还：①副詞として用いる場合は"hái"と発音します。
　　②「帰る」「返す」の意の動詞として用いられる場合は"huán"と発音します。

例文の和訳　　Task: **9** | 日本語を見て中国語を暗唱する（10回）

1 彼は1度結婚したことがある。
2 昨日わたしは10時間寝た。
3 白さんは今まで休暇を取ったことがない。
4 彼は恐らく卒業できないだろう。

Unit 80
比較の表し方

- Task:4 | このユニットの内容をよく読む
- Task:5 | CDの音声をよく聞く (10回)
- Task:6 | CDの音声を聞いて中国語の例文を発音する (10回)
- Task:7 | CDの音声を聞かずに中国語の例文を音読する (10回)

CD 77

ここではまず、基本的な比較文のパターンを学びましょう。

"比 bǐ" を使う

A + 比 bǐ + B + 差異

（AはBより～だ）

1 他 比 我 高。
　　Tā bǐ wǒ gāo.

"有 yǒu" を使う

A + 有 yǒu + B + 这么 zhème / 那么 nàme + 形容詞

（AはBほど～だ）

2 弟弟 有 哥哥 那么 胖。
　　Dìdi yǒu gēge nàme pàng.

新出単語　　Task:8 | 中国語とピンインをノートに書く (10回)

- 比 bǐ ― ～より
- 那么 nàme ― あのように
- 胖 pàng ― 太っている
- 刘 Liú ― 〈姓〉劉
- 态度 tàidu ― 態度
- 一样 yíyàng ― 同じである
- 积极 jījí ― 積極的である
- 抱歉 bàoqiàn ― 申し訳ない
- 没关系 méi guānxi ― 大丈夫;かまわない
- 不要紧 bú yàojǐn ― 差し支えない;かまわない

170

Task:1	前回ユニットの復習 **Unit 79** Task:**9**
Task:2	7ユニット前の復習 **Unit 73** Task:**9**
Task:3	28ユニット前の復習 **Unit 52** Task:**9**

| このユニットの学習日 (全タスクを完了した日) | □ 1回目 年 月 日 MEMO | □ 2回目 年 月 日 MEMO | □ 3回目 年 月 日 MEMO | □ 4回目 年 月 日 MEMO |

"跟 gēn ……一样 yíyàng" を使う

A + 跟 gēn + B + 一样 yíyàng + 形容詞

（AはBと同じくらい〜だ）

3 老刘 的 态度 跟 我 一样 积极。
Lǎo Liú de tàidu gēn wǒ yíyàng jījí.

■ 日常のあいさつ

よく使う表現を覚えましょう。

4 很 抱歉。
Hěn bàoqiàn.

5 没 关系。
Méi guānxi.

6 不 要紧。
Bú yàojǐn.

例文の和訳　　Task:**9** | 日本語を見て中国語を暗唱する (10回)

1 彼はわたしより背が高い。
2 弟は兄くらい太っている。
3 劉さんの態度はわたしと同じくらい積極的だ。
4 申し訳ありません。
5 かまいません。
6 気にしないで。

171

Unit 81
"比"を用いる比較文

CD 78
- Task:4 | このユニットの内容をよく読む
- Task:5 | CDの音声をよく聞く (10回)
- Task:6 | CDの音声を聞いて中国語の例文を発音する (10回)
- Task:7 | CDの音声を聞かずに中国語の例文を音読する (10回)

介詞 "比 bǐ" を用いる比較文は次の語順で並べます。

| A | + | 比 bǐ | + | B | + | 差異 |

1. 今天 比 昨天 凉快。
   Jīntiān bǐ zuótiān liángkuai.

2. 她 比 小 朱 还 年轻。
   Tā bǐ Xiǎo Zhū hái niánqīng.

差異の程度は数量を表す語を補語として形容詞などの後に置いて表します。

| 形容詞 | + | 差異の程度 |

3. 他 比 我 小 两 岁。
   Tā bǐ wǒ xiǎo liǎng suì.

4. 这 件 大衣 比 那 件 贵 一万 日元。
   Zhè jiàn dàyī bǐ nà jiàn guì yíwàn rìyuán.

新出単語
Task:8 | 中国語とピンインをノートに書く (10回)

- 凉快 liángkuai —— 涼しい
- 朱 Zhū —— 〈姓〉朱
- 年轻 niánqīng —— 若い
- 小 xiǎo —— 年下である；小さい
- 大衣 dàyī —— オーバー（コート）
- 日元 rìyuán —— 日本円
- 人口 rénkǒu —— 人口
- 日本 Rìběn —— 日本
- 过去 guòqù —— 過去；昔
- 强 qiáng —— まさっている；よい

Task:1	前回ユニットの復習 **Unit 80** Task:**9**
Task:2	7ユニット前の復習 **Unit 74** Task:**9**
Task:3	28ユニット前の復習 **Unit 53** Task:**9**

| このユニットの学習日
(全タスクを完了した日) | □ 1回目　年　月　日　MEMO | □ 2回目　年　月　日　MEMO | □ 3回目　年　月　日　MEMO | □ 4回目　年　月　日　MEMO |

差異を表す形容詞などの後に"得多 de duō"や"多了 duō le"を付けると、「ずっと～だ」という意味を表します。

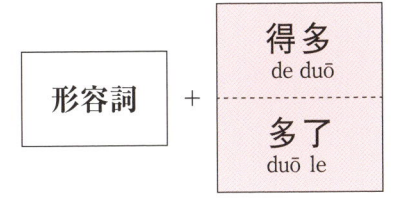

形容詞 + 得多 de duō / 多了 duō le

5 中国 的 人口 比 日本 多 得 多。
Zhōngguó de rénkǒu bǐ Rìběn duō de duō.

6 现在 比 过去 强 多 了。
Xiànzài bǐ guòqù qiáng duō le.

例文の和訳　　Task:9 | 日本語を見て中国語を暗唱する（10回）

1 今日は昨日より涼しい。
2 彼女は朱さんよりまだ若い。
3 彼はわたしより2歳年下だ。
4 このオーバーコートはあれより1万円高い。
5 中国の人口は日本よりずっと多い。
6 今は昔よりずっとよくなった。

Unit 82
倍数

- Task:4 | このユニットの内容をよく読む
- Task:5 | CDの音声をよく聞く (10回)
- Task:6 | CDの音声を聞いて中国語の例文を発音する (10回)
- Task:7 | CDの音声を聞かずに中国語の例文を音読する (10回)

CD 79

倍数の表現は日本語と中国語で異なる場合があるので注意が必要です。

日本語と中国語が同じ場合

1. 2 的 8 倍 是 16。
   Èr de bā bèi shì shíliù.

2. 12 是 3 的 四倍。
   Shí'èr shì sān de sì bèi.

日本語と中国語が違う場合

3. 今年 的 产量 比 去年 增加了 两 倍。
   Jīnnián de chǎnliàng bǐ qùnián zēngjiāle liǎng bèi.

"两倍 liǎng bèi"は増えた分量を表しており、去年が1とすれば今年は2増えて、3になったということです。

4. 这个 操场 比 那个 操场 大 一 倍。
   Zhèige cāochǎng bǐ nèige cāochǎng dà yí bèi.

あの運動場が100平方メートルとすればこの運動場は200平方メートルであるということです。

新出単語 — Task:8 | 中国語とピンインをノートに書く (10回)

- 倍 bèi — ～倍
- 今年 jīnnián — 今年
- 产量 chǎnliàng — 生産高
- 去年 qùnián — 去年
- 增加 zēngjiā — 増加する
- 操场 cāochǎng — 運動場

☑ Task: **1**	前回ユニットの復習 **Unit 81** Task: **9**
☑ Task: **2**	7ユニット前の復習 **Unit 75** Task: **9**
☑ Task: **3**	28ユニット前の復習 **Unit 54** Task: **9**

| このユニットの学習日
（全タスクを完了した日） | □ 1回目
年　月　日
MEMO | □ 2回目
年　月　日
MEMO | □ 3回目
年　月　日
MEMO | □ 4回目
年　月　日
MEMO |

例文の和訳　　☑☑ Task: **9** | 日本語を見て中国語を暗唱する（10回）

☑ **1** 2の8倍は16です。

☑ **2** 12は3の4倍です。

☑ **3** 今年の生産高は去年の3倍になった。

☑ **4** この運動場はあの運動場より倍大きい。

Unit 83
"有"を用いる比較文

CD 80	Task:4	このユニットの内容をよく読む
	Task:5	CDの音声をよく聞く (10回)
	Task:6	CDの音声を聞いて中国語の例文を発音する (10回)
	Task:7	CDの音声を聞かずに中国語の例文を音読する (10回)

"有 yǒu"（否定形は"没有 méiyǒu"）を用いる比較文は次の語順で並べます。

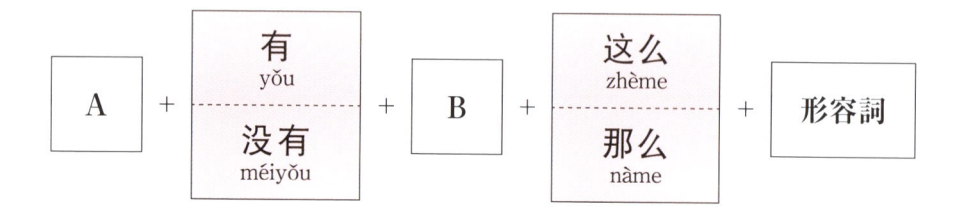

A ＋ 有 yǒu / 没有 méiyǒu ＋ B ＋ 这么 zhème / 那么 nàme ＋ 形容詞

1. 那儿 的 气候 有 这儿 这么 暖和 吗？
   Nàr de qìhòu yǒu zhèr zhème nuǎnhuo ma?

2. 这个 西瓜 有 糖 那么 甜。
   Zhèige xīguā yǒu táng nàme tián.

身近なことであれば"这么 zhème"を使い、そうでなければ"那么 nàme"を使います。

3. 这 篇 文章 没有 那 篇 那么 容易。
   Zhè piān wénzhāng méiyǒu nà piān nàme róngyì.

4. 她 滑雪 没有 你 滑 得 这么 好。
   Tā huáxuě méiyǒu nǐ huá de zhème hǎo.

新出単語　　Task:8 中国語とピンインをノートに書く (10回)

- 气候 qìhòu — 気候
- 西瓜 xīguā — スイカ
- 糖 táng — 砂糖
- 甜 tián — 甘い
- 篇 piān —〈量詞〉文章などを数える
- 文章 wénzhāng — 文章
- 容易 róngyì — やさしい；簡単である
- 滑雪 huáxuě — スキーをする
- 滑 huá — 滑る

Task:1	前回ユニットの復習 **Unit 82** Task:**9**
Task:2	7ユニット前の復習 **Unit 76** Task:**9**
Task:3	28ユニット前の復習 **Unit 55** Task:**9**

このユニットの学習日（全タスクを完了した日）
- □ 1回目　年　月　日　MEMO
- □ 2回目　年　月　日　MEMO
- □ 3回目　年　月　日　MEMO
- □ 4回目　年　月　日　MEMO

例文の和訳　　Task:9 | 日本語を見て中国語を暗唱する (10回)

1. そこの気候はここほど暖かいですか？
2. このスイカは砂糖のように甘い。
3. この文章はあの文章ほどやさしくない。
4. 彼女はスキーがあなたのように上手ではありません。

177

Unit 84
"跟……一样"を用いる比較文

CD 81	☑ Task:4 │ このユニットの内容をよく読む
	☑ Task:5 │ CDの音声をよく聞く (10回)
	☑ Task:6 │ CDの音声を聞いて中国語の例文を発音する (10回)
	☑ Task:7 │ CDの音声を聞かずに中国語の例文を音読する (10回)

「～と同じように～だ」という意味を表す文の語順は次のように並べます。

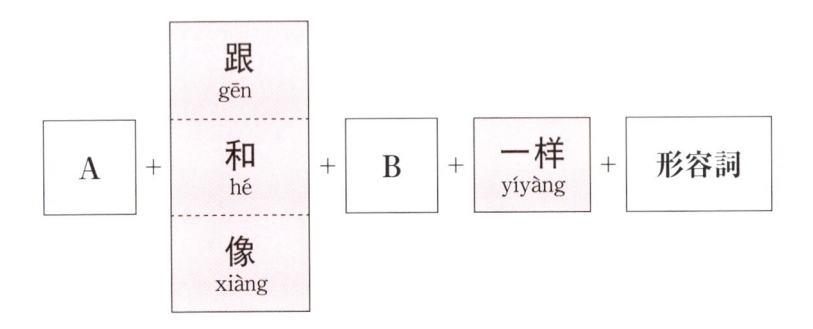

A + [跟 gēn / 和 hé / 像 xiàng] + B + 一样 yíyàng + 形容詞

☑1 这 条 街 跟 那 条 一样 热闹。
Zhè tiáo jiē gēn nà tiáo yíyàng rènao.

☑2 这 座 城市 跟 别的 城市 不 一样。
Zhè zuò chéngshì gēn biéde chéngshì bù yíyàng.

"跟 gēn"のほかに"和 hé"や"像 xiàng"を使うこともできます。

☑3 妹妹 也 和 姐姐 一样 紧张。
Mèimei yě hé jiějie yíyàng jǐnzhāng.

☑4 球场 里 像 白天 一样 明亮。
Qiúchǎng li xiàng báitiān yíyàng míngliàng.

新出単語 ☑ Task:8 │ 中国語とピンインをノートに書く (10回)

- ☑ 街 jiē — 通り
- ☑ 热闹 rènao — にぎやかである
- ☑ 城市 chéngshì — 都市;町
- ☑ 别的 biéde — ほかの
- ☑ 紧张 jǐnzhāng — 緊張する
- ☑ 球场 qiúchǎng — 球場
- ☑ 像 xiàng — ～のようだ
- ☑ 白天 báitiān — 昼間
- ☑ 明亮 míngliàng — 明るい

☑☑ Task:**1** | 前回ユニットの復習 **Unit 83** Task:**9**
☑☑ Task:**2** | 7ユニット前の復習 **Unit 77** Task:**9**
☑☑ Task:**3** | 28ユニット前の復習 **Unit 56** Task:**9**

このユニットの学習日 （全タスクを完了した日）	☐ 1回目 　年　月　日 MEMO	☐ 2回目 　年　月　日 MEMO	☐ 3回目 　年　月　日 MEMO	☐ 4回目 　年　月　日 MEMO

例文の和訳　　　☑☑ Task:**9** | 日本語を見て中国語を暗唱する（10回）

☑☑ **1** この通りはあの通りと同じくらいにぎやかだ。
☑☑ **2** この町はほかの町とは違う。
☑☑ **3** 妹も姉と同じように緊張している。
☑☑ **4** 球場は昼間のように明るい。

Unit 85
"一点儿" と "有点儿"

CD 82	☑☑ Task:4｜このユニットの内容をよく読む
	☑☑ Task:5｜CDの音声をよく聞く（10回）
	☑☑ Task:6｜CDの音声を聞いて中国語の例文を発音する（10回）
	☑☑ Task:7｜CDの音声を聞かずに中国語の例文を音読する（10回）

どちらも「少し」という意味ですが、用法が異なるので、注意が必要です。

"一点儿 yìdiǎnr" は比較文に用いることができ、形容詞の後に置かれます。

> 形容詞 ＋ 一点儿 yìdiǎnr

☑☑ 1　老吴每天都比我来得早一点儿。
　　　Lǎo Wú měi tiān dōu bǐ wǒ lái de zǎo yìdiǎnr.

☑☑ 2　她感冒好了一点儿。
　　　Tā gǎnmào hǎole yìdiǎnr.

"有点儿 yǒudiǎnr" は比較文に用いることはできず、多くは「好ましくない」「望ましくない」という意味を持つ形容詞の前に置かれます。

> 有点儿 yǒudiǎnr ＋ 形容詞

☑☑ 3　那个地方有点儿危险。
　　　Nèige dìfang yǒudiǎnr wēixiǎn.

新出単語　　Task:8｜中国語とピンインをノートに書く（10回）

☑☑ 吴 Wú ―〈姓〉呉
☑☑ 早 zǎo ― 早い
☑☑ 感冒 gǎnmào ― 風邪
☑☑ 有点儿 yǒudiǎnr ― 少し；ちょっと
☑☑ 危险 wēixiǎn ― 危険である
☑☑ 舒服 shūfu ― 気持ちがいい

Task:1	前回ユニットの復習 **Unit 84** Task:**9**
Task:2	7ユニット前の復習 **Unit 78** Task:**9**
Task:3	28ユニット前の復習 **Unit 57** Task:**9**

このユニットの学習日（全タスクを完了した日）

- □ 1回目　年　月　日　MEMO
- □ 2回目　年　月　日　MEMO
- □ 3回目　年　月　日　MEMO
- □ 4回目　年　月　日　MEMO

4 今天 我 有点儿 不 舒服。
Jīntiān wǒ yǒudiǎnr bù shūfu.

例文の和訳　　Task:9｜日本語を見て中国語を暗唱する（10回）

1 呉さんは毎日わたしより少し早く来る。
2 彼女は風邪が少しよくなった。
3 あそこは少し危険だ。
4 今日わたしは少し気分が悪い。

Unit 86
処置文("把"構文)

CD 83
- Task:4 | このユニットの内容をよく読む
- Task:5 | CDの音声をよく聞く(10回)
- Task:6 | CDの音声を聞いて中国語の例文を発音する(10回)
- Task:7 | CDの音声を聞かずに中国語の例文を音読する(10回)

　目的語に処置を加える意味を強調する文が"把 bǎ"構文です。「処置を加える」とは動作を行って目的物の形を変えたり、場所を移動させたり、何らかの影響を与えることを言います。

主語 + 把 bǎ + 目的語 + 動詞 + 処置の結果などを示す成分

1. 她 把 衣服 洗干净 了。
   Tā bǎ yīfu xǐgānjìng le.

"把 bǎ"を使わない文と"把 bǎ"構文の違い

2. 他 带走了 我 的 钥匙。
   Tā dàizǒule wǒ de yàoshi.

3. 他 把 我 的 钥匙 带走 了。
   Tā bǎ wǒ de yàoshi dàizǒu le.

　この二つの文を比較すると、例文2は「彼がわたしの鍵を持って行った」という事実を述べているだけなのに対して、例文3は「彼が持って行ってしまった」ので「今わたしの手元には鍵はない」というニュアンスまで表しています。

新出単語　Task:8 | 中国語とピンインをノートに書く(10回)

- 把 bǎ ── ～を
- 干净 gānjìng ── 清潔である；きれい
- 钥匙 yàoshi ── 鍵
- 不见不散 bú jiàn bú sàn ── 会わなければ帰らない；必ず行く
- 保重 bǎozhòng ── 体を大切にする
- 慢走 màn zǒu ── お気を付けて(客を送るときに言う)
- 一路平安 yí lù píng'ān ── 道中ご無事で(旅立つ人に対して言う)

Task:1	前回ユニットの復習 **Unit 85** Task: **9**
Task:2	7ユニット前の復習 **Unit 79** Task: **9**
Task:3	28ユニット前の復習 **Unit 58** Task: **9**

■ 日常のあいさつ

よく使う表現を覚えましょう。

4 不见不散。
Bú jiàn bú sàn.

5 多多保重。
Duō duō bǎozhòng.

6 请慢走。
Qǐng màn zǒu.

7 一路平安。
Yí lù píng'ān.

例文の和訳　Task:9 | 日本語を見て中国語を暗唱する (10回)

1 彼女は服をきれいに洗った。
2 彼がわたしの鍵を持って行った。
3 彼がわたしの鍵を持って行ってしまった。
4 必ず行きます。
5 お大事に。
6 お気を付けて。
7 道中ご無事で。

Unit 87
"把" 構文で使われる動詞と目的語の性質

CD 84
- Task:4 | このユニットの内容をよく読む
- Task:5 | CDの音声をよく聞く (10回)
- Task:6 | CDの音声を聞いて中国語の例文を発音する (10回)
- Task:7 | CDの音声を聞かずに中国語の例文を音読する (10回)

　目的語に対して処置を加えたり、影響を与えたりする意味を持つ動詞のみが"把 bǎ"構文で使えます。また、動詞は単独で用いられることはなく、後に処置の結果を示す補語や変化を示す"了 le"などを伴います。動詞の重ね型や「動詞＋目的語」の形が用いられることもあります。

1. 我 把 钱包 丢 了。
   Wǒ bǎ qiánbāo diū le.

2. 请 把 实情 告诉 我。
   Qǐng bǎ shíqíng gàosu wǒ.

"把 bǎ"の目的語が指すものは話し手と聞き手の間で「それ」と分かる特定のものです。

3. 你 要 把 这些 钱 数 一 数。
   Nǐ yào bǎ zhèxiē qián shǔ yi shu.

4. 你 把 筷子 递给 我。
   Nǐ bǎ kuàizi dìgěi wǒ.

"筷子 kuàizi"(箸)の前に"那双 nà shuāng"(その一膳の)などの限定語が付いていなくても、この"筷子 kuàizi"は話し手と聞き手の間でそれと分かる"筷子 kuàizi"なのです。

新出単語
Task:8 | 中国語とピンインをノートに書く (10回)

- 钱包 qiánbāo — 財布
- 丢 diū — 失くす
- 实情 shíqíng — 実情
- 告诉 gàosu — 告げる;教える
- 数 shǔ — 数える
- 筷子 kuàizi — 箸
- 递 dì — 手渡す

☑☑ Task:**1**	前回ユニットの復習	**Unit 86** Task:**9**
☑☑ Task:**2**	7ユニット前の復習	**Unit 80** Task:**9**
☑☑ Task:**3**	28ユニット前の復習	**Unit 59** Task:**9**

このユニットの学習日（全タスクを完了した日）

☐ 1回目　年　月　日　MEMO
☐ 2回目　年　月　日　MEMO
☐ 3回目　年　月　日　MEMO
☐ 4回目　年　月　日　MEMO

■ 学習が行き詰まったら

　中国語学習は楽しいことばかりとは限りません。進歩を自覚できず、投げ出したくなることもあるでしょう。しかし、そういうときこそ"不怕慢，就怕站 bú pà màn, jiù pà zhàn"（歩みが遅いのは気にしなくていいが、止まってしまってはいけない）という中国のことわざを思い出し、元気を出してください。語学学習は決して右肩上がりに順調に進歩することはありません。長い停滞の時期があった後、急にポーンとレベルアップするものなのです。外国語をマスターすることは、一生なくなることのない財産を身につけることと同じです。「中国語ができる」という素晴らしい財産を自分のものにしようではありませんか。

例文の和訳　　☑☑ Task:**9** | 日本語を見て中国語を暗唱する（10回）

☑☑ **1** わたしは財布を失くしてしまった。
☑☑ **2** 実情をわたしに教えてください。
☑☑ **3** このお金を数えなさい。
☑☑ **4** 箸を取ってちょうだい。

Unit 88
"把" 構文を必ず使う場合

- Task: 4 | このユニットの内容をよく読む
- Task: 5 | CDの音声をよく聞く (10回)
- Task: 6 | CDの音声を聞いて中国語の例文を発音する (10回)
- Task: 7 | CDの音声を聞かずに中国語の例文を音読する (10回)

CD 85

動作や行為を行った結果、目的物がその場所に「存在」「到着」するというときには「動詞＋"在 zài""到 dào"」の結果補語の形を使って"把 bǎ"構文で表現するしかありません。

1 我把本子忘在家里了。
Wǒ bǎ běnzi wàngzài jiā li le.

2 她把花盆放到阳台上了。
Tā bǎ huāpén fàngdào yángtái shang le.

「～になる」「～とする」などの意味を表すときも「動詞＋"成 chéng""做 zuò"など」の結果補語の形を使って"把 bǎ"構文で表現するしかありません。

3 我要把这本小说翻译成日语。
Wǒ yào bǎ zhè běn xiǎoshuō fānyìchéng Rìyǔ.

4 老邓把我当做亲兄弟看待。
Lǎo Dèng bǎ wǒ dàngzuò qīn xiōngdì kàndài.

新出単語　　Task: 8 | 中国語とピンインをノートに書く (10回)

- 本子 běnzi — ノート
- 忘 wàng — 忘れる
- 花盆 huāpén — 鉢植え
- 放 fàng — 置く
- 阳台 yángtái — ベランダ
- 翻译 fānyì — 翻訳する
- 成 chéng — ～になる
- 日语 Rìyǔ — 日本語
- 邓 Dèng — 〈姓〉鄧(とう)
- 当做 dàngzuò — ～と見なす
- 亲 qīn — 実の；肉親の
- 兄弟 xiōngdì — 兄弟
- 看待 kàndài — 待遇する

| Task:1 | 前回ユニットの復習 **Unit 87** Task: **9**
| Task:2 | 7ユニット前の復習 **Unit 81** Task: **9**
| Task:3 | 28ユニット前の復習 **Unit 60** Task: **9**

| このユニットの学習日（全タスクを完了した日） | □ 1回目 年 月 日 MEMO | □ 2回目 年 月 日 MEMO | □ 3回目 年 月 日 MEMO | □ 4回目 年 月 日 MEMO |

例文の和訳　　Task:**9** | 日本語を見て中国語を暗唱する（10回）

- **1** わたしはノートを家に忘れてきた。
- **2** 彼女は鉢植えをベランダに置いた。
- **3** わたしはこの小説を日本語に翻訳したい。
- **4** 鄧さんはわたしを実の兄弟のように見てくれている。

Unit 89
受身文

	Task:**4**	このユニットの内容をよく読む
CD 86	Task:**5**	CDの音声をよく聞く (10回)
	Task:**6**	CDの音声を聞いて中国語の例文を発音する (10回)
	Task:**7**	CDの音声を聞かずに中国語の例文を音読する (10回)

受身の文型は"被 bèi""让 ràng""叫 jiào""给 gěi"などの介詞を使い、語順は次のようになります。

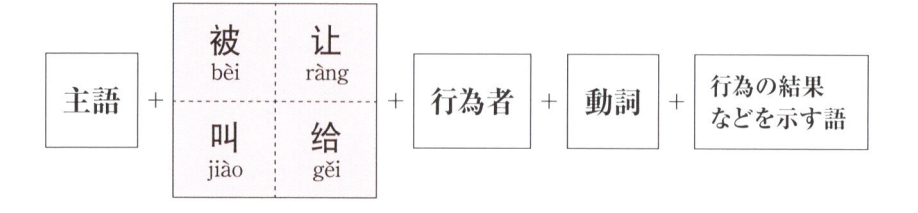

主語 + { 被 bèi / 让 ràng / 叫 jiào / 给 gěi } + 行為者 + 動詞 + 行為の結果などを示す語

1. 弟弟 被 妈妈 批评了 一 顿。
   Dìdi bèi māma pīpíngle yí dùn.

2. 花儿 让 他们 摘走 了。
   Huār ràng tāmen zhāizǒu le.

3. 包子 叫 狗 吃 了。
   Bāozi jiào gǒu chī le.

4. 我 的 吹风机 给 妹妹 借去 了。
   Wǒ de chuīfēngjī gěi mèimei jièqu le.

新出単語 Task:**8** | 中国語とピンインをノートに書く (10回)

- 被 bèi — ～に～される
- 批评 pīpíng — 批判する;しかる
- 顿 dùn — ～回
- 让 ràng — ～に～される
- 摘 zhāi — 摘む
- 叫 jiào — ～に～される
- 狗 gǒu — 犬
- 吹风机 chuīfēngjī — ドライヤー
- 给 gěi — ～に～される

Task:1	前回ユニットの復習 **Unit 88** Task:**9**
Task:2	7ユニット前の復習 **Unit 82** Task:**9**
Task:3	28ユニット前の復習 **Unit 61** Task:**9**

このユニットの学習日（全タスクを完了した日）

☐ 1回目　年　月　日　MEMO
☐ 2回目　年　月　日　MEMO
☐ 3回目　年　月　日　MEMO
☐ 4回目　年　月　日　MEMO

例文の和訳　　Task:9 | 日本語を見て中国語を暗唱する（10回）

1 弟はお母さんに怒られた。
2 花は彼らに摘んで行かれた。
3 中華まんは犬に食べられた。
4 わたしのドライヤーは妹に借りて行かれた。

Unit 90
"被"と"让""叫"の使い分け

CD 87
- Task:4 │ このユニットの内容をよく読む
- Task:5 │ CDの音声をよく聞く (10回)
- Task:6 │ CDの音声を聞いて中国語の例文を発音する (10回)
- Task:7 │ CDの音声を聞かずに中国語の例文を音読する (10回)

同じ受身を表す介詞であっても"被 bèi"と"让 ràng"および"叫 jiào"には用法上の違いがあります。

比較的改まった場面では"被 bèi"が使われます。

1 他 被 公司 派到 美国 分公司 去 了。
Tā bèi gōngsī pàidào Měiguó fēngōngsī qù le.

"让 ràng"や"叫 jiào"は話しことばの中で多く使われ、しばしば"给 gěi"を伴います。

2 驾驶证 让 警察 给 扣 了。
Jiàshǐzhèng ràng jǐngchá gěi kòu le.

3 我 叫 她 骗 了。
Wǒ jiào tā piàn le.

"被 bèi"の後に置かれる行為者は省略することができますが、"让 ràng""叫 jiào"の場合は省略できません。

4 她 被 选为 负责人。
Tā bèi xuǎnwéi fùzérén.

新出単語　　Task:8 │ 中国語とピンインをノートに書く (10回)

- 派 pài ― 派遣する
- 美国 Měiguó ― アメリカ
- 分公司 fēngōngsī ― 支社
- 驾驶证 jiàshǐzhèng ― 運転免許証
- 警察 jǐngchá ― 警官
- 扣 kòu ― 差し押さえる
- 选 xuǎn ― 選ぶ
- 为 wéi ― ～になる
- 负责人 fùzérén ― 責任者
- 行李 xíngli ― (旅行の)荷物
- 偷 tōu ― 盗む
- 游戏机 yóuxìjī ― ゲーム機
- 弄 nòng ― いじる
- 坏 huài ― 壊れる；悪い

Task:1	前回ユニットの復習 **Unit 89** Task:**9**
Task:2	7ユニット前の復習 **Unit 83** Task:**9**
Task:3	28ユニット前の復習 **Unit 62** Task:**9**

5 我 的 行李 让 人 偷走 了。
Wǒ de xíngli ràng rén tōuzǒu le.

6 游戏机 叫 弟弟 弄坏 了。
Yóuxìjī jiào dìdi nònghuài le.

例文の和訳　　Task:9 | 日本語を見て中国語を暗唱する (10回)

1 彼は会社からアメリカ支社に派遣された。
2 運転免許証は警官に取り上げられてしまった。
3 わたしは彼女にだまされた。
4 彼女は責任者に選ばれた。
5 わたしのスーツケースは誰かに盗まれた。
6 ゲーム機は弟に壊された。

Unit 91
連動文

- Task:4 | このユニットの内容をよく読む
- Task:5 | CDの音声をよく聞く (10回)
- Task:6 | CDの音声を聞いて中国語の例文を発音する (10回)
- Task:7 | CDの音声を聞かずに中国語の例文を音読する (10回)

CD 88

述語の中に二つ以上の動詞（句）が使われている文が連動文です。

| 主語 | + | 動詞（句）1 | + | 動詞（句）2 |

1 我 去 超市 买 蔬菜。
Wǒ qù chāoshì mǎi shūcài.

前後の動詞（句）は次のような関係になります。

1.順序
中国語は動作を行う順番に動詞（句）を並べます。

2 他们 下星期 来 日本 旅游。
Tāmen xiàxīngqī lái Rìběn lǚyóu.

2.目的
前の動詞（句）が後の動詞（句）を達成するためであることを表します。

3 我 要 到 邮局 寄 点儿 东西。
Wǒ yào dào yóujú jì diǎnr dōngxi.

新出単語 | Task:8 | 中国語とピンインをノートに書く (10回)

- 超市 chāoshì — スーパーマーケット（"超级市场 chāojí shìchǎng"の略）
- 蔬菜 shūcài — 野菜
- 旅游 lǚyóu — 観光する
- 邮局 yóujú — 郵便局
- 点儿 diǎnr — 少し（"一点儿"の略）
- 用 yòng — 用いる
- 钢笔 gāngbǐ — 万年筆

Task:1	前回ユニットの復習 **Unit 90** Task: **9**
Task:2	7ユニット前の復習 **Unit 84** Task: **9**
Task:3	28ユニット前の復習 **Unit 63** Task: **9**

このユニットの学習日（全タスクを完了した日）

- □ 1回目　年　月　日　MEMO
- □ 2回目　年　月　日　MEMO
- □ 3回目　年　月　日　MEMO
- □ 4回目　年　月　日　MEMO

3. 手段

前の動詞句が後の動詞（句）の手段を表します。

4　他 用 钢笔 写 信。
　　　Tā yòng gāngbǐ xiě xìn.

例文の和訳　　Task:9 | 日本語を見て中国語を暗唱する（10回）

- 1 わたしはスーパーへ野菜を買いに行く。
- 2 彼らは来週日本に観光にやって来る。
- 3 わたしは郵便局へ郵便物を出しに行かなくてはならない。
- 4 彼は万年筆で手紙を書く。

Unit 92
前の動詞が"有"である連動文

	Task:4	このユニットの内容をよく読む
CD 89	Task:5	CDの音声をよく聞く (10回)
	Task:6	CDの音声を聞いて中国語の例文を発音する (10回)
	Task:7	CDの音声を聞かずに中国語の例文を音読する (10回)

「～する～がある」と言いたいときには前の動詞が"有 yǒu"である連動文を用います。

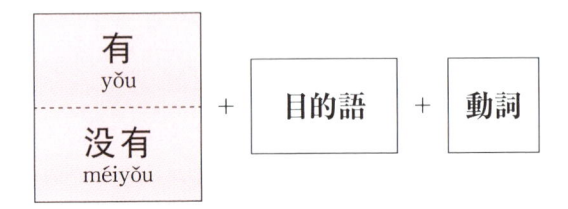

```
[有 yǒu / 没有 méiyǒu] + [目的語] + [動詞]
```

1. 他们 有 房子 住。
Tāmen yǒu fángzi zhù.

2. 我们 有 许多 事情 要 做。
Wǒmen yǒu xǔduō shìqing yào zuò.

3. 我 没有 工夫 跟 你 聊天儿。
Wǒ méiyǒu gōngfu gēn nǐ liáotiānr.

"我没有跟你聊天儿的工夫。"と言っても文法的には間違いではないのですが、一般的には"我没有工夫跟你聊天儿。Wǒ méiyǒu gōngfu gēn nǐ liáotiānr."のようにまず「暇がない」と言っておいて、「どのような暇であるか」を後から説明する連動文が多く用いられます。

4. 你 有 活儿 干 吗?
Nǐ yǒu huór gàn ma?

新出単語 | Task:8 | 中国語とピンインをノートに書く (10回)

- 房子 fángzi ― 家
- 许多 xǔduō ― たくさん
- 事情 shìqing ― 事柄
- 工夫 gōngfu ― 暇
- 聊天儿 liáotiānr ― おしゃべりする
- 活儿 huór ― 仕事
- 干 gàn ― やる;する
- 向 xiàng ― ～に
- 请教 qǐngjiào ― 教えを請う

☑☑ Task:**1**	前回ユニットの復習 **Unit 91** Task:**9**
☑☑ Task:**2**	7ユニット前の復習 **Unit 85** Task:**9**
☑☑ Task:**3**	28ユニット前の復習 **Unit 64** Task:**9**

| このユニットの学習日
（全タスクを完了した日） | □ 1回目
年　月　日
MEMO | □ 2回目
年　月　日
MEMO | □ 3回目
年　月　日
MEMO | □ 4回目
年　月　日
MEMO |

☑☑ **5** 我 有 一 个 问题 向 您 请教。
Wǒ yǒu yí ge wèntí xiàng nín qǐngjiào.

例文の和訳　　☑☑ Task:**9** | 日本語を見て中国語を暗唱する（10回）

☑☑ **1** 彼らには住む家がある。

☑☑ **2** わたしたちにはやらなければならないことがたくさんある。

☑☑ **3** わたしはあなたとおしゃべりをしている暇はない。

☑☑ **4** あなたはやる仕事がありますか？

☑☑ **5** お伺いしたいことがあります。

Unit 93
兼語文

- Task:4 | このユニットの内容をよく読む
- Task:5 | CDの音声をよく聞く (10回)
- Task:6 | CDの音声を聞いて中国語の例文を発音する (10回)
- Task:7 | CDの音声を聞かずに中国語の例文を音読する (10回)

CD 90

「〜させる」「〜してもらう」などと言いたいとき、兼語文を用います。前の動詞の目的語と後の動詞(句)の主語を兼ねる語が兼語で、兼語を含む文が兼語文です。

1 你 让 他 说下去。
　 Nǐ ràng tā shuōxiàqu.

この文の構造を図解すると次のようになります。"他 tā"が兼語です。

　　你　　　让　　　他　　　说下去。
（全体の主語）（動詞）（目的語）
　　　　　　　　　　（主語）　（動詞句）

兼語文では「〜に〜させる」という使役の意味を持つ動詞が多く使われます。

2 妈妈 叫 我 去 买 面包。
　 Māma jiào wǒ qù mǎi miànbāo.

3 我 请 你 吃 晚饭。
　 Wǒ qǐng nǐ chī wǎnfàn.

4 她 帮 你 复习 数学。
　 Tā bāng nǐ fùxí shùxué.

新出単語　　Task:8 | 中国語とピンインをノートに書く (10回)

- 面包 miànbāo — パン
- 请 qǐng — もてなす；おごる
- 晚饭 wǎnfàn — 夕食
- 帮 bāng — 助ける；手伝う
- 复习 fùxí — 復習する
- 数学 shùxué — 数学

☑ Task: **1**	前回ユニットの復習 **Unit 92** Task: **9**
☑ Task: **2**	7ユニット前の復習 **Unit 86** Task: **9**
☑ Task: **3**	28ユニット前の復習 **Unit 65** Task: **9**

| このユニットの学習日
（全タスクを完了した日） | ☐ 1回目
　年　月　日
MEMO | ☐ 2回目
　年　月　日
MEMO | ☐ 3回目
　年　月　日
MEMO | ☐ 4回目
　年　月　日
MEMO |

例文の和訳　　☑ Task: **9** | 日本語を見て中国語を暗唱する（10回）

☑ **1** 彼に話し続けさせなさい。
☑ **2** お母さんはわたしにパンを買いに行かせた。
☑ **3** あなたに夕食をごちそうします。
☑ **4** 彼女はあなたが数学の復習をするのを手伝ってくれる。

Unit 94
存現文

- Task:4 | このユニットの内容をよく読む
- Task:5 | CDの音声をよく聞く (10回)
- Task:6 | CDの音声を聞いて中国語の例文を発音する (10回)
- Task:7 | CDの音声を聞かずに中国語の例文を音読する (10回)

ある場所や時間に何かが存在したり、出現あるいは消失したりすることを表す文が存現文です。存現文の語順は次のようになります。

| 場所(／時間)を表す語 | + | 動詞 | + | 補語や動態助詞 | + | 事物／人 |

1. 橱窗 里 摆着 许多 宝石。
   Chúchuāng li bǎizhe xǔduō bǎoshí.

文頭に"在 zài"や"从 cóng"などの介詞を置かず、場所や時間を表す語から始めます。

2. 昨天 发生了 一 次 地震。
   Zuótiān fāshēngle yí cì dìzhèn.

3. 天上 飞过来 一 只 鸟。
   Tiānshang fēiguòlai yì zhī niǎo.

存在・出現したり消失したりする事物（あるいは人）は不特定のものです。

4. 墙 上 挂着 一 张 地图。
   Qiáng shang guàzhe yì zhāng dìtú.

例文4の"一张地图 yì zhāng dìtú"は不特定のもので、主語ではありません。"你

新出単語　Task:8 | 中国語とピンインをノートに書く (10回)

- 橱窗 chúchuāng — ショーウィンドー
- 摆 bǎi — 並べる
- 宝石 bǎoshí — 宝石
- 发生 fāshēng — 発生する；起きる
- 地震 dìzhèn — 地震
- 天上 tiānshang — 空
- 飞 fēi — 飛ぶ
- 过来 guòlai — 過ぎて来る
- 鸟 niǎo — 鳥
- 墙 qiáng — 壁
- 挂 guà — 掛ける
- 地图 dìtú — 地図

☑ Task:**1**	前回ユニットの復習 **Unit 93** Task:**9**
☑ Task:**2**	7ユニット前の復習 **Unit 87** Task:**9**
☑ Task:**3**	28ユニット前の復習 **Unit 66** Task:**9**

| このユニットの学習日
(全タスクを完了した日) | ☐ 1回目
　年　月　日
MEMO | ☐ 2回目
　年　月　日
MEMO | ☐ 3回目
　年　月　日
MEMO | ☐ 4回目
　年　月　日
MEMO |

的眼镜在桌子上放着呢。Nǐ de yǎnjìng zài zhuōzi shang fàngzhe ne."（あなたの眼鏡は机の上に置いてありますよ。）という文では、"你的眼镜 nǐ de yǎnjìng" は主語であり、特定のものです。

例文の和訳　　☑ Task:**9** | 日本語を見て中国語を暗唱する（10回）

☑ **1** ショーウィンドーにはたくさんの宝石が並べられている。
☑ **2** 昨日地震が起きた。
☑ **3** 空から1羽の鳥が飛んで来た。
☑ **4** 壁に1枚の地図が掛けてある。

Unit 95
"是……的"の構文

- Task:4 | このユニットの内容をよく読む
- Task:5 | CDの音声をよく聞く (10回)
- Task:6 | CDの音声を聞いて中国語の例文を発音する (10回)
- Task:7 | CDの音声を聞かずに中国語の例文を音読する (10回)

CD 92

過去の時点に行われた動作・行為について、それが行われた時間、場所、方法、目的を説明するときに用いるのが "是 shì ……的 de" の構文です。

時間

1. 那个 代表团 是 什么 时候 回国 的?
   Nèige dàibiǎotuán shì shénme shíhou huíguó de?

場所

2. 这 块 手表 是 在 香港 买 的。
   Zhè kuài shǒubiǎo shì zài Xiānggǎng mǎi de.

方法

3. 他们 不 是 坐 地铁 来 的。
   Tāmen bú shì zuò dìtiě lái de.

目的

4. 她 是 来 留学 的。
   Tā shì lái liúxué de.

次にAさんとBさんふたりの会話を見てください。

新出単語 | Task:8 | 中国語とピンインをノートに書く (10回)

- 代表团 dàibiǎotuán — 代表団
- 回国 huíguó — 帰国する
- 手表 shǒubiǎo — 腕時計
- 香港 Xiānggǎng — 香港
- 地铁 dìtiě — 地下鉄
- 留学 liúxué — 留学する
- 韩 Hán — 〈姓〉韓

	Task:1	前回ユニットの復習 Unit 94 Task:9
Task:2	7ユニット前の復習 Unit 88 Task:9
Task:3	28ユニット前の復習 Unit 67 Task:9

このユニットの学習日 (全タスクを完了した日)	□ 1回目 年　月　日 MEMO	□ 2回目 年　月　日 MEMO	□ 3回目 年　月　日 MEMO	□ 4回目 年　月　日 MEMO

5　A：小 韩 来 了 吗?
　　　Xiǎo Hán lái le ma?

6　B：来 了。
　　　Lái le.

7　A：他 是 什么 时候 来 的?
　　　Tā shì shénme shíhou lái de?

8　B：昨天 来 的。
　　　Zuótiān lái de.

　このAさんとBさんの会話から"是 shì ……的 de"の構文の使い方が分かります。Aさんは韓さんがすでに来たことが分かったので、"是 shì ……的 de"の構文を使って"他是什么时候来的? Tā shì shénme shíhou lái de?"と聞き、Bさんも"(他是)昨天来的。(Tā shì) zuótiān lái de."と答えているのです。

例文の和訳　　Task:9 | 日本語を見て中国語を暗唱する (10回)

1　あの代表団はいつ帰国したのですか?
2　この腕時計は香港で買ったのです。
3　彼らは地下鉄で来たのではありません。
4　彼女は留学に来たのです。
5　韓さんは来ましたか?
6　来ました。
7　彼はいつ来たのですか?
8　昨日来たのです。

201

Unit 96
"连……也(都)" の強調表現

CD 93	☑ Task:4 このユニットの内容をよく読む
	☑ Task:5 CDの音声をよく聞く (10回)
	☑ Task:6 CDの音声を聞いて中国語の例文を発音する (10回)
	☑ Task:7 CDの音声を聞かずに中国語の例文を音読する (10回)

中国語には強調表現がいくつかありますが、"连 lián ……也 yě (都 dōu)"(〜でさえも)は常用される強調表現です。

☑ 1 这个题连小学一年级的小孩儿也能回答。
Zhèige tí lián xiǎoxué yī niánjí de xiǎoháir yě néng huídá.

☑ 2 连平时不常来的老宋都来了。
Lián píngshí bù cháng lái de Lǎo Sòng dōu lái le.

☑ 3 你连这个道理也不懂吗?
Nǐ lián zhèige dàoli yě bù dǒng ma?

☑ 4 他连这件事儿都不知道。
Tā lián zhè jiàn shìr dōu bù zhīdao.

新出単語　☑ Task:8 中国語とピンインをノートに書く (10回)

- ☑ 题 tí — 問題
- ☑ 连 lián — 〜でさえ
- ☑ 小学 xiǎoxué — 小学校
- ☑ 年级 niánjí — 〜年生
- ☑ 小孩儿 xiǎoháir — 子ども
- ☑ 平时 píngshí — ふだん
- ☑ 常 cháng — 常に;しょっちゅう
- ☑ 宋 Sòng — 〈姓〉宋
- ☑ 道理 dàoli — 道理;理屈

| Task:1 | 前回ユニットの復習 **Unit 95** Task:**9**
| Task:2 | 7ユニット前の復習 **Unit 89** Task:**9**
| Task:3 | 28ユニット前の復習 **Unit 68** Task:**9**

| このユニットの学習日（全タスクを完了した日） | □ 1回目 年 月 日 MEMO | □ 2回目 年 月 日 MEMO | □ 3回目 年 月 日 MEMO | □ 4回目 年 月 日 MEMO |

例文の和訳　　Task:9 | 日本語を見て中国語を暗唱する（10回）

1 この問題は小学校1年の子どもでも答えられる。
2 ふだんはあまり来ない宋さんでさえも来た。
3 こんな理屈さえも分からないのか？
4 彼はこのことさえ知らない。

Unit 97
常用の複文1

- Task:4 | このユニットの内容をよく読む
- Task:5 | CDの音声をよく聞く(10回)
- Task:6 | CDの音声を聞いて中国語の例文を発音する(10回)
- Task:7 | CDの音声を聞かずに中国語の例文を音読する(10回)

文意を表す上で互いに関係のある二つ以上の節（単文）から構成される文が複文です。複文はしばしば前後関連する語句によって構成されています。よく使われる因果関係、累加関係、逆接関係、前後関係を表す複文の文型を覚えましょう。

因为 yīnwèi ……所以 suǒyǐ ……（～なので～［因果関係］）

1 因为 我 坐过 站 了，所以 迟到 了。
　 Yīnwèi wǒ zuòguò zhàn le, suǒyǐ chídào le.

不但 búdàn ……而且 érqiě ……（～だけでなく、しかも～［累加関係］）

2 他 不但 是 一 个 医生，而且 还 是 个 作家。
　 Tā búdàn shì yí ge yīshēng, érqiě hái shì ge zuòjiā.

虽然 suīrán ……但 dàn ……（～だけれども、しかし～［逆接関係］）

3 这 种 药 虽然 很 贵，但 效果 并 不 好。
　 Zhè zhǒng yào suīrán hěn guì, dàn xiàoguǒ bìng bù hǎo.

一 yī ……就 jiù ……（～すると、すぐに～［前後関係］）

4 一 听 他 的 话，大家 就 笑起来 了。
　 Yì tīng tā de huà, dàjiā jiù xiàoqǐlai le.

新出単語　Task:8 | 中国語とピンインをノートに書く(10回)

- 因为 yīnwèi ― ～なので
- 所以 suǒyǐ ― それゆえ
- 不但 búdàn ― ～だけでなく
- 而且 érqiě ― しかも
- 还 hái ― さらに；なお
- 作家 zuòjiā ― 作家
- 药 yào ― 薬
- 虽然 suīrán ― ～だけれども
- 但 dàn ― しかし
- 效果 xiàoguǒ ― 効果；効き目
- 并 bìng ― 別に
- 一 yī ― ひとたび～すると
- 笑 xiào ― 笑う

☑ Task:**1**	前回ユニットの復習 **Unit 96** Task:**9**
☑ Task:**2**	7ユニット前の復習 **Unit 90** Task:**9**
☑ Task:**3**	28ユニット前の復習 **Unit 69** Task:**9**

| このユニットの学習日
（全タスクを完了した日） | ☐ 1回目
年　月　日
MEMO | ☐ 2回目
年　月　日
MEMO | ☐ 3回目
年　月　日
MEMO | ☐ 4回目
年　月　日
MEMO |

　例文4の"起来 qǐlai"は複合方向補語の派生的用法で、「～し始める」という動作の開始を表します。

例文の和訳　　Task:**9** | 日本語を見て中国語を暗唱する（10回）

☑ **1** わたしは駅を乗り過ごしてしまい、遅刻してしまった。

☑ **2** 彼は医者であるだけでなく、作家でもある。

☑ **3** この薬は高いけれども、効き目は別によくない。

☑ **4** 彼の話を聞くと、皆は笑い出した。

205

Unit 98
常用の複文2

CD 95
- Task:4 | このユニットの内容をよく読む
- Task:5 | CDの音声をよく聞く (10回)
- Task:6 | CDの音声を聞いて中国語の例文を発音する (10回)
- Task:7 | CDの音声を聞かずに中国語の例文を音読する (10回)

ここでは、前後の節が仮定関係、条件関係、譲歩関係を表す複文の文型を覚えましょう。

要是 yàoshi ……就 jiù ……（もしも～なら～［仮定関係］）

1　要是 大家 都 没 什么 意见，我们 就 这么 决定 了。
　　Yàoshi dàjiā dōu méi shénme yìjiàn, wǒmen jiù zhème juédìng le.

上の例文の"什么 shénme"は、「なにか」という不定の意味を表しています。

只要 zhǐyào ……就 jiù ……（～しさえすれば～［条件関係］）

2　只要 有 时间，他们 就 打 麻将。
　　Zhǐyào yǒu shíjiān, tāmen jiù dǎ májiàng.

只有 zhǐyǒu ……才 cái ……（～してこそ～［条件関係］）

3　只有 认真 学习 才 能 取得 好 成绩。
　　Zhǐyǒu rènzhēn xuéxí cái néng qǔdé hǎo chéngjì.

"只要 zhǐyào"は十分条件を"只有 zhǐyǒu"は唯一の条件を表します。

新出単語　　Task:8 | 中国語とピンインをノートに書く (10回)

- 要是 yàoshi ― もしも
- 意见 yìjiàn ― 意見
- 决定 juédìng ― 決める
- 只要 zhǐyào ― ～しさえすれば
- 时间 shíjiān ― 時間
- 麻将 májiàng ― マージャン
- 只有 zhǐyǒu ― ～してこそ
- 取得 qǔdé ― 取得する
- 成绩 chéngjì ― 成績
- 怕 pà ― 恐れる；怖がる
- 就是 jiùshì ― たとえ～でも
- 冬天 dōngtiān ― 冬

| Task:1 | 前回ユニットの復習 Unit 97 Task:9
| Task:2 | 7ユニット前の復習 Unit 91 Task:9
| Task:3 | 28ユニット前の復習 Unit 70 Task:9

就是 jiùshì ……也 yě …… (たとえ〜でも〜 [譲歩関係])

4 他 怕 热, 就是 在 冬天 也 穿 得 很 少。
   Tā pà rè, jiùshì zài dōngtiān yě chuān de hěn shǎo.

例文の和訳 　Task:9 | 日本語を見て中国語を暗唱する (10回)

1 もしも皆さんに何も意見がなければ、このように決めます。

2 時間がありさえすれば、彼らはすぐマージャンをする。

3 まじめに勉強してこそよい成績を取ることができる。

4 彼は暑がりで、たとえ冬でも薄着だ。

Unit 99〜126 復習

Unit 99
- Task:1 | 前回ユニットの復習 Unit 98 Task:9
- Task:2 | 7ユニット前の復習 Unit 92 Task:9
- Task:3 | 28ユニット前の復習 Unit 71 Task:9
- □1回目 年 月 日 | □2回目 年 月 日 | □3回目 年 月 日 | □4回目 年 月 日

Unit 100
- Task:1 | 7ユニット前の復習 Unit 93 Task:9
- Task:2 | 28ユニット前の復習 Unit 72 Task:9
- □1回目 年 月 日 | □2回目 年 月 日 | □3回目 年 月 日 | □4回目 年 月 日

Unit 101
- Task:1 | 7ユニット前の復習 Unit 94 Task:9
- Task:2 | 28ユニット前の復習 Unit 73 Task:9
- □1回目 年 月 日 | □2回目 年 月 日 | □3回目 年 月 日 | □4回目 年 月 日

Unit 102
- Task:1 | 7ユニット前の復習 Unit 95 Task:9
- Task:2 | 28ユニット前の復習 Unit 74 Task:9
- □1回目 年 月 日 | □2回目 年 月 日 | □3回目 年 月 日 | □4回目 年 月 日

Unit 103
- Task:1 | 7ユニット前の復習 Unit 96 Task:9
- Task:2 | 28ユニット前の復習 Unit 75 Task:9
- □1回目 年 月 日 | □2回目 年 月 日 | □3回目 年 月 日 | □4回目 年 月 日

Unit 104
- Task:1 | 7ユニット前の復習 Unit 97 Task:9
- Task:2 | 28ユニット前の復習 Unit 76 Task:9
- □1回目 年 月 日 | □2回目 年 月 日 | □3回目 年 月 日 | □4回目 年 月 日

Unit 105
- Task:1 | 7ユニット前の復習 Unit 98 Task:9
- Task:2 | 28ユニット前の復習 Unit 77 Task:9
- □1回目 年 月 日 | □2回目 年 月 日 | □3回目 年 月 日 | □4回目 年 月 日

Unit 106
- Task:1 | 28ユニット前の復習 Unit 78 Task:9
- □1回目 年 月 日 | □2回目 年 月 日 | □3回目 年 月 日 | □4回目 年 月 日

Unit 107
- Task:1 | 28ユニット前の復習 Unit 79 Task:9
- □1回目 年 月 日 | □2回目 年 月 日 | □3回目 年 月 日 | □4回目 年 月 日

Unit 108
- Task:1 | 28ユニット前の復習 Unit 80 Task:9
- □1回目 年 月 日 | □2回目 年 月 日 | □3回目 年 月 日 | □4回目 年 月 日

Unit 109
- Task:1 | 28ユニット前の復習 Unit 81 Task:9
- □1回目 年 月 日 | □2回目 年 月 日 | □3回目 年 月 日 | □4回目 年 月 日

Unit 110
- Task:1 | 28ユニット前の復習 Unit 82 Task:9
- □1回目 年 月 日 | □2回目 年 月 日 | □3回目 年 月 日 | □4回目 年 月 日

Unit 111	Task: 1	28ユニット前の復習 Unit 83 Task: 9			
	☐ 1回目 年 月 日	☐ 2回目 年 月 日	☐ 3回目 年 月 日	☐ 4回目 年 月 日	
Unit 112	Task: 1	28ユニット前の復習 Unit 84 Task: 9			
	☐ 1回目 年 月 日	☐ 2回目 年 月 日	☐ 3回目 年 月 日	☐ 4回目 年 月 日	
Unit 113	Task: 1	28ユニット前の復習 Unit 85 Task: 9			
	☐ 1回目 年 月 日	☐ 2回目 年 月 日	☐ 3回目 年 月 日	☐ 4回目 年 月 日	
Unit 114	Task: 1	28ユニット前の復習 Unit 86 Task: 9			
	☐ 1回目 年 月 日	☐ 2回目 年 月 日	☐ 3回目 年 月 日	☐ 4回目 年 月 日	
Unit 115	Task: 1	28ユニット前の復習 Unit 87 Task: 9			
	☐ 1回目 年 月 日	☐ 2回目 年 月 日	☐ 3回目 年 月 日	☐ 4回目 年 月 日	
Unit 116	Task: 1	28ユニット前の復習 Unit 88 Task: 9			
	☐ 1回目 年 月 日	☐ 2回目 年 月 日	☐ 3回目 年 月 日	☐ 4回目 年 月 日	
Unit 117	Task: 1	28ユニット前の復習 Unit 89 Task: 9			
	☐ 1回目 年 月 日	☐ 2回目 年 月 日	☐ 3回目 年 月 日	☐ 4回目 年 月 日	
Unit 118	Task: 1	28ユニット前の復習 Unit 90 Task: 9			
	☐ 1回目 年 月 日	☐ 2回目 年 月 日	☐ 3回目 年 月 日	☐ 4回目 年 月 日	
Unit 119	Task: 1	28ユニット前の復習 Unit 91 Task: 9			
	☐ 1回目 年 月 日	☐ 2回目 年 月 日	☐ 3回目 年 月 日	☐ 4回目 年 月 日	
Unit 120	Task: 1	28ユニット前の復習 Unit 92 Task: 9			
	☐ 1回目 年 月 日	☐ 2回目 年 月 日	☐ 3回目 年 月 日	☐ 4回目 年 月 日	
Unit 121	Task: 1	28ユニット前の復習 Unit 93 Task: 9			
	☐ 1回目 年 月 日	☐ 2回目 年 月 日	☐ 3回目 年 月 日	☐ 4回目 年 月 日	
Unit 122	Task: 1	28ユニット前の復習 Unit 94 Task: 9			
	☐ 1回目 年 月 日	☐ 2回目 年 月 日	☐ 3回目 年 月 日	☐ 4回目 年 月 日	
Unit 123	Task: 1	28ユニット前の復習 Unit 95 Task: 9			
	☐ 1回目 年 月 日	☐ 2回目 年 月 日	☐ 3回目 年 月 日	☐ 4回目 年 月 日	
Unit 124	Task: 1	28ユニット前の復習 Unit 96 Task: 9			
	☐ 1回目 年 月 日	☐ 2回目 年 月 日	☐ 3回目 年 月 日	☐ 4回目 年 月 日	
Unit 125	Task: 1	28ユニット前の復習 Unit 97 Task: 9			
	☐ 1回目 年 月 日	☐ 2回目 年 月 日	☐ 3回目 年 月 日	☐ 4回目 年 月 日	
Unit 126	Task: 1	28ユニット前の復習 Unit 98 Task: 9			
	☐ 1回目 年 月 日	☐ 2回目 年 月 日	☐ 3回目 年 月 日	☐ 4回目 年 月 日	

補充単語

新出単語に含まれない語句で、入門・初級段階で身につけておくべきものを集めました。本書の全ユニットを終えてから（あるいは Unit 99～126 の学習と並行して）、必要に応じて覚えておくことをお勧めします。1日10個程度を目安として、以下のタスクを行うとよいでしょう。

Task:1 | 前回の Task:4 を復習
Task:2 | ピンインを見て中国語を音読する (10回)
Task:3 | 中国語とピンインをノートに書く (10回)
Task:4 | 日本語を見て中国語を暗唱する (10回)

	1	爱	ài	愛する		24	粗	cū	太い;粗い
	2	白	bái	白い		25	错	cuò	間違っている
	3	办	bàn	する		26	打	dǎ	殴る
	4	办法	bànfǎ	やり方		27	打算	dǎsuan	～するつもりである
	5	饱	bǎo	満腹である		28	大学	dàxué	大学
	6	鼻子	bízi	鼻		29	大夫	dàifu	医者
	7	笔	bǐ	筆;ペン		30	戴	dài	身につける
	8	比较	bǐjiào	比較的		31	但是	dànshì	しかし
	9	表情	biǎoqíng	表情		32	当然	dāngrán	もちろん
	10	不用	búyòng	～する必要がない		33	倒	dào	しかし
	11	擦	cā	拭く		34	得到	dédào	得る
	12	查	chá	調べる		35	灯	dēng	灯り
	13	茶	chá	茶		36	低	dī	低い
	14	长	cháng	長い		37	点心	diǎnxin	菓子
	15	常常	chángcháng	しょっちゅう;いつも		38	电车	diànchē	電車
						39	肚子	dùzi	おなか
	16	出	chū	出る		40	短	duǎn	短い
	17	出发	chūfā	出発する		41	锻炼	duànliàn	鍛える;トレーニングする
	18	出租汽车	chūzū qìchē	タクシー					
	19	厨房	chúfáng	台所		42	耳朵	ěrduo	耳
	20	船	chuán	船		43	发烧	fāshāo	熱を出す
	21	床	chuáng	ベッド		44	饭店	fàndiàn	ホテル;レストラン
	22	吹	chuī	吹く		45	方便	fāngbiàn	便利である
	23	春天	chūntiān	春		46	方法	fāngfǎ	方法

☑	47	飞机	fēijī	飛行機	☑	78	机场	jīchǎng	飛行場
☑	48	丰富	fēngfù	豊富である	☑	79	挤	jǐ	混んでいる
☑	49	复杂	fùzá	複雑である	☑	80	继续	jìxù	続ける
☑	50	改革	gǎigé	改革する	☑	81	加	jiā	加える
☑	51	刚	gāng	〜したばかりである	☑	82	家庭	jiātíng	家庭
☑	83	简单	jiǎndān	簡単である
☑	52	刚才	gāngcái	たった今	☑	84	见面	jiànmiàn	会う
☑	53	歌	gē	歌	☑	85	讲	jiǎng	話す
☑	54	更	gèng	更に	☑	86	脚	jiǎo	足(足首から爪先まで)
☑	55	公斤	gōngjīn	キログラム	☑	87	接	jiē	受ける
☑	56	公里	gōnglǐ	キロメートル	☑	88	节	jié	〈量詞〉〜コマ(授業数を数える)
☑	57	够	gòu	十分である；足りている
☑	89	结束	jiéshù	終わる
☑	58	故事	gùshi	物語	☑	90	进来	jìnlai	入って来る
☑	59	关心	guānxīn	気にかける；関心を持つ	☑	91	进去	jìnqu	入って行く
☑	92	经过	jīngguò	経過する
☑	60	国家	guójiā	国	☑	93	经济	jīngjì	経済
☑	61	寒假	hánjià	冬休み	☑	94	精神	jīngshen	元気である
☑	62	汉语	Hànyǔ	中国語	☑	95	酒	jiǔ	酒
☑	63	汉字	Hànzì	漢字	☑	96	旧	jiù	古い
☑	64	好吃	hǎochī	(食べ物が)おいしい	☑	97	举	jǔ	挙げる
☑	65	好看	hǎokàn	見て美しい	☑	98	觉得	juéde	感じる
☑	66	好像	hǎoxiàng	まるで〜のようである	☑	99	开水	kāishuǐ	湯
☑	100	看见	kànjian	見える
☑	67	合适	héshì	ちょうどよい	☑	101	科学	kēxué	科学
☑	68	黑板	hēibǎn	黒板	☑	102	咳嗽	késou	咳をする
☑	69	忽然	hūrán	突然	☑	103	可能	kěnéng	〜かもしれない
☑	70	互相	hùxiāng	互いに	☑	104	可是	kěshì	しかし
☑	71	花	huā	費やす	☑	105	渴	kě	のどが乾いている
☑	72	画	huà	描く	☑	106	空调	kōngtiáo	エアコン
☑	73	还	huán	返す	☑	107	苦	kǔ	苦しい；苦い
☑	74	换	huàn	換える	☑	108	裤子	kùzi	ズボン
☑	75	回来	huílai	戻って来る	☑	109	困难	kùnnan	困難である
☑	76	回去	huíqu	戻って行く	☑	110	拉	lā	引く
☑	77	活动	huódòng	活動	☑	111	辣	là	辛い

補充単語

No.	中文	ピンイン	日本語
112	累	lèi	疲れている
113	离开	líkāi	離れる
114	礼物	lǐwù	贈り物
115	立刻	lìkè	ただちに
116	联系	liánxì	連絡する
117	脸	liǎn	顔
118	练习	liànxí	練習する
119	亮	liàng	明るい
120	路	lù	道
121	旅行	lǚxíng	旅行する
122	麻	má	麻
123	麻烦	máfan	煩わしい
124	马	mǎ	馬
125	马上	mǎshàng	すぐに
126	骂	mà	しかる
127	满意	mǎnyì	満足する
128	慢	màn	遅い
129	美元	měiyuán	米ドル
130	门口	ménkǒu	ドア；入り口
131	梦	mèng	夢
132	米	mǐ	メートル
133	米饭	mǐfàn	ご飯
134	面条	miàntiáo	そば；うどん
135	明年	míngnián	来年
136	那样	nàyàng	あのようである
137	奶奶	nǎinai	おばあさん
138	难	nán	難しい
139	年纪	niánjì	年齢
140	牛奶	niúnǎi	牛乳；ミルク
141	农村	nóngcūn	農村
142	欧元	ōuyuán	ユーロ
143	排球	páiqiú	バレーボール
144	碰	pèng	ぶつかる
145	票	piào	切符；チケット
146	苹果	píngguǒ	リンゴ
147	破	pò	破れる
148	奇怪	qíguài	おかしい；不思議である
149	企业	qǐyè	企業
150	起	qǐ	起きる
151	起床	qǐchuáng	起床する
152	铅笔	qiānbǐ	鉛筆
153	轻	qīng	軽い
154	清楚	qīngchu	はっきりしている
155	晴	qíng	晴れている
156	秋天	qiūtiān	秋
157	裙子	qúnzi	スカート
158	认识	rènshi	知る
159	认为	rènwéi	〜と考える
160	日	rì	日
161	肉	ròu	肉
162	软	ruǎn	軟らかい
163	散步	sànbù	散歩する
164	商店	shāngdiàn	商店
165	上	shàng	上がる
166	上课	shàngkè	授業に出る；授業をする
167	上去	shàngqu	上がって行く
168	上月	shàngyuè	先月
169	深	shēn	深い
170	生气	shēngqì	怒る
171	生日	shēngri	誕生日
172	声音	shēngyīn	音；声
173	食堂	shítáng	食堂
174	世界	shìjiè	世界
175	试	shì	試す
176	收	shōu	受け取る
177	首都	shǒudū	首都
178	瘦	shòu	やせている
179	叔叔	shūshu	叔父

No.	中文	ピンイン	意味
180	输	shū	負ける
181	熟	shú	よく知っている
182	树	shù	木
183	水	shuǐ	水;湯
184	水果	shuǐguǒ	果物
185	水平	shuǐpíng	レベル
186	死	sǐ	死ぬ
187	送	sòng	送る
188	宿舍	sùshè	宿舎;寮
189	酸	suān	酸っぱい
190	随便	suíbiàn	自由である;気ままである
191	所有	suǒyǒu	すべての
192	太阳	tàiyáng	太陽
193	谈	tán	話す;語る
194	汤	tāng	スープ
195	躺	tǎng	横たわる
196	踢	tī	蹴る
197	提	tí	手に提げる;(意見などを)出す
198	提高	tígāo	高める;向上させる
199	天气	tiānqì	天気
200	跳	tiào	跳ぶ
201	跳舞	tiàowǔ	ダンスをする
202	贴	tiē	張る
203	听见	tīngjiàn	聞こえる
204	听说	tīngshuō	～だそうだ
205	通过	tōngguò	通過する
206	同学	tóngxué	学友
207	同意	tóngyì	同意する
208	统一	tǒngyī	統一する
209	头	tóu	頭
210	头发	tóufa	頭髪
211	突然	tūrán	突然
212	图	tú	絵
213	推	tuī	押す
214	腿	tuǐ	足(足の付け根から足首まで)
215	退	tuì	退く;返却する
216	脱	tuō	脱ぐ
217	袜子	wàzi	靴下
218	外国	wàiguó	外国
219	完成	wánchéng	完成する
220	晚会	wǎnhuì	夜の集い;パーティー
221	碗	wǎn	碗(わん)
222	位	wèi	〈量詞〉人を数える(敬語)
223	味道	wèidao	味
224	味儿	wèir	味;におい
225	喂	wèi	もしもし
226	卧室	wòshì	寝室
227	午饭	wǔfàn	昼食
228	洗澡	xǐzǎo	入浴する
229	细	xì	細い;細かい
230	下	xià	下りる
231	下班	xiàbān	仕事が終わる;退勤する
232	下课	xiàkè	授業が終わる
233	夏天	xiàtiān	夏
234	先	xiān	まず
235	咸	xián	塩辛い
236	香蕉	xiāngjiāo	バナナ
237	响	xiǎng	鳴り響く
238	消息	xiāoxi	ニュース;知らせ
239	小心	xiǎoxīn	注意深い
240	辛苦	xīnkǔ	苦労する
241	新闻	xīnwén	ニュース
242	信封	xìnfēng	封筒
243	醒	xǐng	目覚める

補充単語

No.	中文	ピンイン	日本語
244	需要	xūyào	必要とする
245	雪	xuě	雪
246	研究	yánjiū	研究する
247	颜色	yánsè	色
248	眼睛	yǎnjing	目
249	羊	yáng	羊
250	样子	yàngzi	形;様子
251	要求	yāoqiú	要求する
252	爷爷	yéye	おじいさん
253	也许	yěxǔ	～かもしれない
254	一般	yìbān	ふつうである
255	一边	yìbiān	一方
256	一共	yígòng	全部で
257	一块儿	yíkuàir	一緒に
258	一些	yìxiē	少し
259	一行	yìxíng	一行(いっこう)
260	一直	yìzhí	ずっと
261	以为	yǐwéi	～と思う
262	椅子	yǐzi	椅子
263	亿	yì	億
264	赢	yíng	勝つ
265	硬	yìng	硬い
266	邮票	yóupiào	切手
267	语法	yǔfǎ	文法
268	语言	yǔyán	言語
269	原来	yuánlái	もとの;なんと(～であったのか)
270	圆	yuán	丸い
271	圆珠笔	yuánzhūbǐ	ボールペン
272	远	yuǎn	遠い
273	愿意	yuànyì	～したい
274	月	yuè	月
275	月亮	yuèliang	月
276	脏	zāng	汚い;不潔である
277	怎样	zěnyàng	どのようである
278	展览	zhǎnlǎn	展覧
279	着急	zháojí	焦る;気をもむ
280	这样	zhèyàng	このようである
281	知识	zhīshi	知識
282	中午	zhōngwǔ	昼
283	中学	zhōngxué	中学および高校
284	钟头	zhōngtóu	～時間
285	重	zhòng	重い
286	重要	zhòngyào	重要である
287	猪	zhū	豚
288	注意	zhùyì	注意する
289	祝	zhù	祈る
290	字	zì	字
291	嘴	zuǐ	口
292	最	zuì	最も
293	最后	zuìhòu	最後
294	最近	zuìjìn	最近;近いうち
295	左右	zuǒyòu	～くらい

MEMO

中国語のさまざまな記号の使い方

文中のポーズや区切りを示す句読点、およびかっこなどの記号を中国語では"标点符号 biāodiǎn fúhào"と呼んでいます。主な"标点符号"の用法を挙げてみましょう。

名称	記号	用法	用例
句号 jùhào	。	平叙文の文末に打つ。	她穿的衣服很好看。 Tā chuān de yīfu hěn hǎokàn. (彼女が着ている服はきれいだ。)
问号 wènhào	?	疑問文の文末に打つ。	这个字怎么念? Zhèige zì zěnme niàn? (この字はどう読むのですか?)
叹号 tànhào	!	感嘆文の文末に打つ。	问题多么复杂啊! Wèntí duōme fùzá a! (問題はなんと複雑なのだろう!)
逗号 dòuhào	,	文中に置かれ、ポーズを示す。	六点才开门，用不着去那么早。 Liù diǎn cái kāimén, yòngbuzháo qù nàme zǎo. (6時にやっと始まるのだから、そんなに早く行かなくてもいい。)
顿号 dùnhào	、	並列を示す。	我喜欢画画儿、听音乐、打篮球。 Wǒ xǐhuan huà huàr, tīng yīnyuè, dǎ lánqiú. (わたしは絵を描いたり、音楽を聞いたり、バスケットボールをしたりするのが好きです。)
分号 fēnhào	;	複文において、並列する単文の間に用いる。	朝南的四合院大门开在东南角；朝北的四合院大门则开在西北角。 Cháo nán de sìhéyuàn dàmén kāizài dōngnán jiǎo; cháo běi de sìhéyuàn dàmén zé kāizài xīběi jiǎo. (南向きの四合院の正門は東南の角に設けられており、北向きの四合院の正門は西北の角に設けられている。)
冒号 màohào	:	次に文や説明が来ることを示す。	她对我说："你可以看看这本书。" Tā duì wǒ shuō: "Nǐ kěyǐ kànkan zhè běn shū." (彼女はわたしに「この本を読んだほうがいいわ」と言った。)

名称	記号	用法	用例
			日期：4月5日至5月6日 rìqī: sìyuè wǔ rì zhì wǔyuè liù rì （期間：4月5日〜5月6日）
引号 yǐnhào	" "	会話などの引用や強調する語に付ける。	他又问："你真的去非洲吗？" Tā yòu wèn: "Nǐ zhēn de qù Fēizhōu ma?" （「君は本当にアフリカへ行くのか？」と彼はまた尋ねた。）
括号 kuòhào	( )	注釈に用いる。	黎明（他夫人的妹妹）也来了。 Lí Míng (tā fūren de mèimei) yě lái le. （黎明[彼の奥さんの妹]も来た。）
破折号 pòzhéhào	——	説明を加えたり、同格であることを示したりするときに用いる。	在她生日当天——9月26日，他们俩结婚了。 Zài tā shēngri dàngtiān —— jiǔyuè èrshíliù rì, tāmen liǎ jiéhūn le. （彼女の誕生日——すなわち9月26日に彼らふたりは結婚した。）
省略号 shěnglüèhào	……	省略するときに用いる。	无论是逢年过节、亲人团聚、好友相逢……几乎全离不开"吃"。 Wúlùn shì féng nián guò jié, qīnrén tuánjù, hǎoyǒu xiāngféng …… jīhū quán líbukāi "chī". （新年や祝祭日、家族の団らん、親友の集まり……などの際にはほとんど「食べる」ということは切り離せない。）
间隔号 jiàngéhào	·	人名などの区切りを示す。	埃德加·斯诺是中国人民的美国朋友。 Āidéjiā·Sīnuò shì Zhōngguó rénmín de Měiguó péngyou. （エドガー・スノーは中国人にとってアメリカの友人である。）
书名号 shūmínghào	《 》	書籍名や新聞・雑誌名に用いる。	《红楼梦》《人民日报》 《Hónglóumèng》《Rénmín Rìbào》 （『紅楼夢』『人民日報』）

217

新出単語索引

本書に新出単語として出てくる語句をピンイン順に並べたリストです。数字は初出のユニットを示します。同じ語句でも異なる意味や用法がある場合には、複数のユニットを示している場合があります。なお、発音練習などに出てくる語句は補充単語（p.210）として扱っていますので参照してください。

A

	啊	a	63
	矮	ǎi	21
	爱	Ài	55
	爱人	àiren	23

B

	八	bā	24
	八月	bāyuè	29
	把	bǎ	25,86
	爸爸	bàba	28
	吧	ba	42,58
	白	Bái	79
	白天	báitiān	84
	百	bǎi	24
	百货商店	bǎihuò shāngdiàn	35
	摆	bǎi	94
	班	bān	46
	办公室	bàngōngshì	40
	半	bàn	33
	半天	bàntiān	78
	半夜	bànyè	64
	帮	bāng	93
	帮助	bāngzhù	31
	包	bāo	59
	包子	bāozi	45
	宝石	bǎoshí	94
	保重	bǎozhòng	86
	报	bào	32

	报告	bàogào	70
	抱歉	bàoqiàn	80
	杯	bēi	25
	北(边)	běi(bian)	38
	北京	Běijīng	77
	倍	bèi	82
	被	bèi	89
	本	běn	41
	本子	běnzi	88
	比	bǐ	80
	比赛	bǐsài	57
	笔记本电脑	bǐjìběn diànnǎo	27
	毕业	bìyè	79
	遍	biàn	77
	表示	biǎoshì	36
	别	bié	67
	别的	biéde	84
	冰箱	bīngxiāng	39
	并	bìng	97
	病	bìng	56
	不	bù	16
	不错	búcuò	52
	不但	búdàn	97
	不见不散	bú jiàn bú sàn	86
	不行	bùxíng	29
	不要	búyào	67
	不要紧	bú yàojǐn	80
	部	bù	52

C

	猜	cāi	76
	才	cái	64
	菜	cài	17
	参观	cānguān	77
	参加	cānjiā	32
	操场	cāochǎng	82
	曹	Cáo	41
	厕所	cèsuǒ	40
	差	chà	33
	产量	chǎnliàng	82
	尝	cháng	52
	常	cháng	96
	唱	chàng	16
	超市	chāoshì	91
	车站	chēzhàn	35
	陈	Chén	27
	衬衫	chènshān	26
	成	chéng	88
	成绩	chéngjì	98
	城市	chéngshì	84
	吃	chī	17
	迟到	chídào	77
	抽	chōu	20
	出差	chūchāi	55
	出来	chūlai	73
	出去	chūqu	71
	橱窗	chúchuāng	94
	穿	chuān	31
	窗户	chuānghu	58
	吹风机	chuīfēngjī	89
	春节	Chūnjié	56
	词典	cídiǎn	28
	次	cì	68
	聪明	cōngming	21
	从	cóng	35
	从来	cónglái	79

D

	答应	dāying	31
	打	dǎ	34,48
	大	dà	69
	大概	dàgài	42
	大家	dàjiā	30
	大衣	dàyī	81
	代表团	dàibiǎotuán	95
	带	dài	72
	担心	dānxīn	32
	但	dàn	97
	当	dāng	70
	当做	dàngzuò	88
	刀	dāo	25
	到	dào	35
	道理	dàoli	96
	地	de	31
	的	de	23,50
	得	de	68
	等	děng	51
	邓	Dèng	88
	地方	dìfang	23
	地铁	dìtiě	95
	地图	dìtú	94
	地震	dìzhèn	94
	弟弟	dìdi	26
	递	dì	87
	第	dì	35
	点	diǎn	33
	点儿	diǎnr	24,91
	电话	diànhuà	34
	电脑	diànnǎo	32

新出単語索引

	电视	diànshì	17
	电影	diànyǐng	52
	电子词典	diànzǐ cídiǎn	44
	顶	dǐng	59
	丢	diū	87
	东(边)	dōng(bian)	38
	东西	dōngxi	49
	冬天	dōngtiān	98
	懂	dǒng	76
	动物园	dòngwùyuán	39
	都	dōu	32
	读	dú	66
	对	duì	36,42
	对不起	duìbuqǐ	14
	顿	dùn	89
	多	duō	22,39
	多么	duōme	63
	多少	duōshao	46
	朵	duǒ	51

E

	饿	è	44
	恩人	ēnrén	52
	儿子	érzi	28
	而且	érqiě	97
	二	èr	24
	二月	èryuè	29

F

	发生	fāshēng	94
	翻译	fānyì	88
	反映	fǎnyìng	59
	饭	fàn	17
	饭馆	fànguǎn	39
	房间	fángjiān	54

	房子	fángzi	92
	房租	fángzū	76
	放	fàng	88
	放心	fàngxīn	52
	飞	fēi	94
	飞机票	fēijīpiào	70
	非常	fēicháng	31
	分	fēn	33,47
	分公司	fēngōngsī	90
	风	fēng	69
	风景	fēngjǐng	23
	封	fēng	66
	父母	fùmǔ	53
	父亲	fùqin	32
	负责人	fùzérén	90
	附近	fùjìn	39
	复习	fùxí	93

G

	干杯	gānbēi	36
	干净	gānjìng	86
	赶快	gǎnkuài	31
	感	gǎn	36
	感冒	gǎnmào	85
	感谢	gǎnxiè	36
	干	gàn	92
	钢笔	gāngbǐ	91
	钢琴	gāngqín	57
	高	gāo	21
	高兴	gāoxìng	22
	告诉	gàosu	87
	哥哥	gēge	27
	个	ge	27
	给	gěi	34,89
	跟	gēn	45

☑ 工厂	gōngchǎng	74	
☑ 工夫	gōngfu	92	
☑ 工作	gōngzuò	36,54	
☑ 公共汽车	gōnggòng qìchē	77	
☑ 公司	gōngsī	23	
☑ 公园	gōngyuán	71	
☑ 狗	gǒu	89	
☑ 刮	guā	69	
☑ 挂	guà	94	
☑ 关	guān	58	
☑ 关照	guānzhào	55	
☑ 广播	guǎngbō	76	
☑ 贵	guì	21	
☑ 贵姓	guìxìng	55	
☑ 郭	Guō	73	
☑ 国外	guówài	72	
☑ 过	guò	31	
☑ 过来	guòlai	94	
☑ 过去	guòqù	81	
☑ 过去	guòqu	73	
☑ 过	guo	65	

H

☑ 还	hái	57,97	
☑ 还是	háishi	48	
☑ 孩子	háizi	26	
☑ 韩	Hán	95	
☑ 杭州	Hángzhōu	55	
☑ 好	hǎo	14	
☑ 好喝	hǎohē	44	
☑ 好久	hǎojiǔ	62	
☑ 号	hào	29	
☑ 喝	hē	62	
☑ 和	hé	27	
☑ 河	hé	25	

☑ 盒	hé	39	
☑ 黑	hēi	75	
☑ 很	hěn	21	
☑ 红	hóng	23	
☑ 红茶	hóngchá	34	
☑ 后(边)	hòu(bian)	38	
☑ 护士	hùshi	18	
☑ 护照	hùzhào	26	
☑ 花盆	huāpén	88	
☑ 花儿	huār	51	
☑ 滑	huá	83	
☑ 滑冰	huábīng	43	
☑ 滑雪	huáxuě	83	
☑ 画儿	huàr	23	
☑ 话	huà	45	
☑ 坏	huài	90	
☑ 欢迎	huānyíng	62	
☑ 回	huí	59,77	
☑ 回答	huídá	65	
☑ 回国	huíguó	95	
☑ 会	huì	50	
☑ 会议室	huìyìshì	34	
☑ 活儿	huór	92	
☑ 火车	huǒchē	61	

J

☑ 机会	jīhuì	61	
☑ 鸡蛋	jīdàn	39	
☑ 积极	jījí	80	
☑ 吉他	jítā	26	
☑ 几	jǐ	29	
☑ 记	jì	76	
☑ 记得	jìde	64	
☑ 寄	jì	72	
☑ 家	jiā	35,40	

221

新出単語索引

	価钱	jiàqian	21
	驾驶证	jiàshǐzhèng	90
	检查	jiǎnchá	54
	见	jiàn	62
	件	jiàn	26
	健康	jiànkāng	36
	渐渐	jiànjiàn	75
	讲课	jiǎngkè	58
	交	jiāo	60
	教	jiāo	48
	角	jiǎo	47
	饺子	jiǎozi	59
	叫	jiào	55,89
	教室	jiàoshì	72
	教授	jiàoshòu	66
	街	jiē	84
	节目	jiémù	60
	结婚	jiéhūn	56
	姐姐	jiějie	27
	解决	jiějué	53
	介绍	jièshào	51
	借	jiè	52
	今年	jīnnián	82
	今天	jīntiān	21
	斤	jīn	47
	紧张	jǐnzhāng	84
	近	jìn	35
	进	jìn	72
	进行	jìnxíng	69
	经常	jīngcháng	37
	经理	jīnglǐ	40
	警察	jǐngchá	90
	九	jiǔ	24
	九月	jiǔyuè	29
	就	jiù	59,77
	就是	jiùshì	98
	就要	jiùyào	56
	决定	juédìng	98

K

	咖啡	kāfēi	25
	卡车	kǎchē	74
	卡拉OK	kǎlā OK	69
	开	kāi	50,58
	开始	kāishǐ	35
	开玩笑	kāi wánxiào	67
	看	kàn	17
	看病	kànbìng	34
	看待	kàndài	88
	考试	kǎoshì	45
	可爱	kě'ài	26
	可以	kěyǐ	52
	刻	kè	33
	客气	kèqi	16
	客人	kèren	39
	客厅	kètīng	41
	课	kè	35
	课本	kèběn	43
	课文	kèwén	77
	肯定	kěndìng	76
	孔	Kǒng	40
	恐怕	kǒngpà	79
	口	kǒu	46
	口袋	kǒudai	74
	扣	kòu	90
	哭	kū	67
	块	kuài	46,74
	快	kuài	56,63
	快要	kuàiyào	56
	筷子	kuàizi	87

	昆明	Kūnmíng	77

L

	垃圾	lājī	67
	来	lái	15
	篮球	lánqiú	48
	老	lǎo	18,23
	老师	lǎoshī	20
	了	le	46,55
	冷	lěng	21
	离	lí	35
	李	Lǐ	18
	里(边)	lǐ(bian)	21
	历史	lìshǐ	36
	厉害	lìhai	69
	俩	liǎ	37
	连	lián	96
	凉	liáng	48
	凉快	liángkuai	81
	两	liǎng	25
	辆	liàng	74
	聊天儿	liáotiānr	92
	了	liǎo	79
	了解	liǎojiě	44
	零	líng	24,33
	刘	Liú	80
	流利	liúlì	69
	留学	liúxué	95
	留学生	liúxuéshēng	19
	六	liù	24
	六月	liùyuè	29
	楼	lóu	40
	楼上	lóushàng	73
	楼梯	lóutī	75
	乱	luàn	67

	旅游	lǚyóu	91

M

	妈妈	māma	22
	麻将	májiàng	98
	吗	ma	20
	买	mǎi	59
	卖	mài	47
	慢走	màn zǒu	86
	忙	máng	42
	猫	māo	26
	毛	máo	47
	毛衣	máoyī	23
	茅台酒	máotáijiǔ	65
	帽子	màozi	59
	没	méi	60
	没关系	méi guānxi	80
	没有	méiyǒu	28,60
	每	měi	32
	美国	Měiguó	90
	美国人	Měiguórén	19
	美丽	měilì	23
	妹妹	mèimei	27
	门	mén	58
	们	men	57
	谜底	mídǐ	76
	面包	miànbāo	93
	名字	míngzi	45
	明白	míngbai	43
	明亮	míngliàng	84
	明天	míngtiān	59
	母亲	mǔqin	40
	目标	mùbiāo	36

新出单语索引

N

	拿	ná	26
	哪	nǎ	26
	哪个	nǎge	26
	哪里	nǎli	37
	哪儿	nǎr	37
	哪些	nǎxiē	26
	那	nà	26
	那个	nàge	26
	那里	nàli	37
	那么	nàme	80
	那儿	nàr	37
	那些	nàxiē	26
	男朋友	nánpéngyou	28
	南(边)	nán(bian)	38
	难过	nánguò	32
	呢	ne	43,57
	能	néng	49
	你	nǐ	13
	你们	nǐmen	13
	年	nián	29
	年级	niánjí	96
	年轻	niánqīng	81
	念	niàn	77
	鸟	niǎo	94
	您	nín	13
	农民	nóngmín	19
	弄	nòng	90
	努力	nǔlì	36
	暖和	nuǎnhuo	21
	女儿	nǚ'ér	72
	女朋友	nǚpéngyou	27

P

	爬	pá	66
	怕	pà	98
	拍	pāi	49
	派	pài	90
	旁边	pángbiān	40
	胖	pàng	80
	跑	pǎo	68
	朋友	péngyou	22
	批评	pīpíng	89
	啤酒	píjiǔ	62
	篇	piān	83
	便宜	piányi	49
	骗	piàn	50
	漂亮	piàoliang	31
	平时	píngshí	96
	瓶	píng	62
	葡萄酒	pútaojiǔ	44

Q

	七	qī	24
	七月	qīyuè	29
	骑	qí	50
	起	qǐ	76
	起来	qǐlai	73
	气候	qìhòu	83
	气温	qìwēn	61
	汽车	qìchē	23
	千	qiān	24
	前(边)	qián(bian)	38
	钱	qián	27
	钱包	qiánbāo	87
	强	qiáng	81
	墙	qiáng	94
	桥	qiáo	74
	亲	qīn	88
	轻松	qīngsōng	31

224

	情况	qíngkuàng	37
	请	qǐng	51,93
	请假	qǐngjià	79
	请教	qǐngjiào	92
	请问	qǐngwèn	14
	球场	qiúchǎng	84
	取得	qǔdé	98
	去	qù	15
	去年	qùnián	82
	缺席	quēxí	77

R

	让	ràng	89
	热	rè	21
	热闹	rènao	84
	热情	rèqíng	31
	人	rén	41
	人口	rénkǒu	81
	认真	rènzhēn	22
	扔	rēng	67
	日本	Rìběn	81
	日本人	Rìběnrén	18
	日语	Rìyǔ	88
	日元	rìyuán	81
	日子	rìzi	31
	容易	róngyì	83

S

	三	sān	24
	三月	sānyuè	29
	山	shān	25
	商量	shāngliang	51
	上班	shàngbān	35
	上(边)	shàng(bian)	38
	上来	shànglai	71

	上午	shàngwǔ	35
	上星期	shàngxīngqī	55
	少	shǎo	22
	社会	shèhuì	59
	谁	shéi	45
	身体	shēntǐ	54
	什么	shénme	45
	生词	shēngcí	76
	生活	shēnghuó	64
	十	shí	24
	十二月	shí'èryuè	29
	十一月	shíyīyuè	29
	十月	shíyuè	29
	时候	shíhou	45
	时间	shíjiān	98
	实情	shíqíng	87
	实现	shíxiàn	36
	事情	shìqing	92
	事儿	shìr	54
	事先	shìxiān	54
	是	shì	18
	收拾	shōushi	63
	手	shǒu	53
	手表	shǒubiǎo	95
	手机	shǒujī	43
	手绢儿	shǒujuànr	74
	书	shū	41
	书包	shūbāo	23
	舒服	shūfu	85
	蔬菜	shūcài	91
	熟悉	shúxi	37
	暑假	shǔjià	35
	数	shǔ	87
	树叶	shùyè	61
	数学	shùxué	93

新出単語索引

摔	shuāi	75
双	shuāng	25
睡觉	shuìjiào	57
顺利	shùnlì	69
说	shuō	15
司机	sījī	31
四	sì	24
四月	sìyuè	29
宋	Sòng	96
算	suàn	77
虽然	suīrán	97
岁	suì	46
孙	Sūn	66
所以	suǒyǐ	97

T

他	tā	13
他们	tāmen	13
它	tā	13
它们	tāmen	13
她	tā	13
她们	tāmen	13
台	tái	27
太	tài	21
太极拳	tàijíquán	58
态度	tàidu	80
泰山	Tàishān	66
弹	tán	57
糖	táng	83
掏	tāo	74
讨论	tǎolùn	64
特别	tèbié	21
疼	téng	69
题	tí	96
天	tiān	32,56
天上	tiānshang	94
田中	Tiánzhōng	55
甜	tián	83
条	tiáo	25
听	tīng	15
停	tíng	64
同事	tóngshì	45
痛快	tòngkuai	31
偷	tōu	90
图书馆	túshūguǎn	39

W

外(边)	wài(bian)	21
完	wán	68
玩儿	wánr	78
晚	wǎn	70
晚饭	wǎnfàn	93
晚上	wǎnshang	30
万	wàn	24
王	Wáng	69
网球	wǎngqiú	48
忘	wàng	88
危险	wēixiǎn	85
为	wéi	90
围巾	wéijīn	46
为(了)	wèi(le)	36
为什么	wèi shénme	45
文章	wénzhāng	83
闻	wén	51
问	wèn	65
问题	wèntí	53
我	wǒ	13
我们	wǒmen	13
屋子	wūzi	63
吴	Wú	85

226

| 五 | wǔ | 24 |
| 五月 | wǔyuè | 29 |

X

西(边)	xī(bian)	38
西瓜	xīguā	83
希望	xīwàng	49
习惯	xíguàn	64
洗	xǐ	53
喜欢	xǐhuan	42
下	xià	49
下(边)	xià(bian)	38
下降	xiàjiàng	61
下来	xiàlai	75
下去	xiàqu	73
下午	xiàwǔ	35
下星期	xiàxīngqī	55
下月	xiàyuè	56
先生	xiānsheng	42
现实	xiànshí	59
现在	xiànzài	33
相信	xiāngxìn	67
香	xiāng	51
香港	Xiānggǎng	95
箱子	xiāngzi	49
想	xiǎng	51,70
向	xiàng	92
项链	xiàngliàn	23
像	xiàng	84
小	xiǎo	27,81
小孩儿	xiǎoháir	96
小姐	xiǎojie	41
小朋友	xiǎopéngyou	46
小时	xiǎoshí	68
小说	xiǎoshuō	75
小学	xiǎoxué	96
效果	xiàoguǒ	97
笑	xiào	97
鞋	xié	25
写	xiě	16
谢谢	xièxie	16
心情	xīnqíng	44
心意	xīnyì	23
新	xīn	31
新宿	Xīnsù	45
信	xìn	66
星期	xīngqī	30
星期二	xīngqī'èr	30
星期六	xīngqīliù	30
星期日	xīngqīrì	30
星期三	xīngqīsān	30
星期四	xīngqīsì	30
星期天	xīngqītiān	30
星期五	xīngqīwǔ	30
星期一	xīngqīyī	30
行	xíng	29
行李	xíngli	90
兴趣	xìngqù	36
姓	xìng	55
幸福	xìngfú	63
兄弟	xiōngdì	88
熊猫	xióngmāo	39
休息	xiūxi	78
许多	xǔduō	92
选	xuǎn	90
学	xué	70
学生	xuésheng	19
学习	xuéxí	17
学校	xuéxiào	40

新出単語索引

Y

	牙	yá	69
	烟	yān	20
	阳台	yángtái	88
	杨	Yáng	71
	药	yào	97
	要	yào	26,53,56
	要是	yàoshi	98
	钥匙	yàoshi	86
	也	yě	32
	一	yī	24,78,97
	一点儿	yìdiǎnr	49
	一定	yídìng	50
	一会儿	yíhuìr	62
	一路平安	yí lù píng'ān	86
	一起	yìqǐ	45
	一下	yíxià	51
	一样	yíyàng	80
	一月	yīyuè	29
	衣服	yīfu	31
	医生	yīshēng	18
	医院	yīyuàn	34
	已经	yǐjing	61
	以后	yǐhòu	65
	以前	yǐqián	76
	意见	yìjiàn	98
	因为	yīnwèi	97
	音乐	yīnyuè	65
	银行	yínháng	40
	应该	yīnggāi	54
	英语	Yīngyǔ	69
	樱花	yīnghuā	65
	用	yòng	91
	邮局	yóujú	91
	游	yóu	73
	游戏	yóuxì	78
	游戏机	yóuxìjī	90
	游泳	yóuyǒng	57
	游泳池	yóuyǒngchí	57
	有	yǒu	27
	有点儿	yǒudiǎnr	85
	有意思	yǒu yìsi	52
	又	yòu	64
	右(边)	yòu(bian)	38
	鱼	yú	73
	愉快	yúkuài	31
	雨	yǔ	49
	雨伞	yǔsǎn	72
	预订	yùdìng	54
	元	yuán	47
	愿望	yuànwàng	50
	约会	yuēhuì	37
	运动	yùndòng	53

Z

	杂志	zázhì	66
	再	zài	64
	再见	zàijiàn	14
	在	zài	34,40,57
	咱们	zánmen	78
	赞成	zànchéng	48
	早	zǎo	85
	早饭	zǎofàn	59
	早上	zǎoshang	30
	怎么	zěnme	45
	怎么样	zěnmeyàng	69
	增加	zēngjiā	82
	摘	zhāi	89
	站	zhàn	58,61
	张	zhāng	26

张	Zhāng	48	
长	zhǎng	70	
着	zháo	76	
找	zhǎo	54	
赵	Zhào	71	
照片	zhàopiàn	49	
照相机	zhàoxiàngjī	28	
这	zhè	26	
这个	zhège	26	
这里	zhèli	37	
这么	zhème	63	
这儿	zhèr	37	
这些	zhèxiē	26	
着	zhe	58	
珍珠	zhēnzhū	23	
真	zhēn	26	
正	zhèng	57	
正在	zhèngzài	57	
支持	zhīchí	49	
只	zhī	26	
知道	zhīdao	54	
只要	zhǐyào	98	
只有	zhǐyǒu	98	
纸	zhǐ	26	
中国	Zhōngguó	36	
中国菜	Zhōngguócài	42	
中国人	Zhōngguórén	18	
中文	Zhōngwén	17	
终于	zhōngyú	61	
钟	zhōng	33	
种	zhǒng	44	
种类	zhǒnglèi	22	
朱	Zhū	81	
住	zhù	76	
装	zhuāng	49	

准备	zhǔnbèi	45
桌子	zhuōzi	41
自己	zìjǐ	32
自行车	zìxíngchē	50
走	zǒu	16
足球	zúqiú	57
昨天	zuótiān	59
左(边)	zuǒ(bian)	23
作家	zuòjiā	97
作业	zuòyè	60
坐	zuò	62
座	zuò	25
做	zuò	16

MEMO

MEMO

著者プロフィール

本間 史 ほんま・ふしと

1948年生まれ。横浜国立大学卒業。翻訳家。中央大学などで中国語の講師を兼任。中国語情報誌『中国語ジャーナル』(アルク) では監修を担当した。著書に『CD付き 中国語の文法 ポイント整理』『CD付き 中国語の文法 弱点克服問題集』『起きてから寝るまで中国語単語帳』(アルク)、主な訳書に『愛情の錯覚』(おうふう)、『戦後日本哲学思想概論』『東洋思想の現代的意義』(農文協)などがある。趣味は囲碁。

真剣に学び続ける人の中国語教本【入門編】

2009年5月19日初版発行／2020年9月29日第11刷発行

著者	本間 史
編集	株式会社アルク出版編集部
デザイン	山口かおる (Concent, inc.)
イラスト	江田ななえ
ナレーション	何 立人
録音・音声編集	株式会社メディアスタイリスト
CDプレス	株式会社ソニー・ミュージックソリューションズ
DTP	株式会社秀文社
印刷・製本	図書印刷株式会社
発行者	天野智之
発行所	株式会社アルク
	〒102-0073 東京都千代田区九段北 4-2-6 市ヶ谷ビル
	Website：https://www.alc.co.jp/
	製品サポート：https://www.alc.co.jp/usersupport/

地球人ネットワークを創る

アルクのシンボル
「地球人マーク」です。

©2009 Fushito Honma/ALC PRESS INC.
Printed in Japan.

＊落丁本・乱丁本は弊社にてお取り替えいたしております。
＊Webお問い合わせフォームにてご連絡ください。
　https://www.alc.co.jp/inquiry/
＊本書の全部または一部の無断転載を禁じます。
＊著作権法上で認められた場合を除いて、本書からのコピーを禁じます。
＊定価はカバーに表示してあります。

PC:7009015
ISBN:978-4-7574-1589-8

中国語音節表

韻母\声母	a	o	e	-i	-i	er	ai	ei	ao	ou	an	en	ang	eng	ong	i	ia	ie
韻母のみの表記	a	o	e			er	ai	ei	ao	ou	an	en	ang	eng		yi	ya	ye
b	ba	bo					bai	bei	bao		ban	ben	bang	beng		bi		bie
p	pa	po					pai	pei	pao	pou	pan	pen	pang	peng		pi		pie
m	ma	mo	me				mai	mei	mao	mou	man	men	mang	meng		mi		mie
f	fa	fo						fei		fou	fan	fen	fang	feng				
d	da		de				dai	dei	dao	dou	dan	den	dang	deng	dong	di	dia	die
t	ta		te				tai		tao	tou	tan		tang	teng	tong	ti		tie
n	na		ne				nai	nei	nao	nou	nan	nen	nang	neng	nong	ni		nie
l	la	lo	le				lai	lei	lao	lou	lan		lang	leng	long	li	lia	lie
g	ga		ge				gai	gei	gao	gou	gan	gen	gang	geng	gong			
k	ka		ke				kai	kei	kao	kou	kan	ken	kang	keng	kong			
h	ha		he				hai	hei	hao	hou	han	hen	hang	heng	hong			
j																ji	jia	jie
q																qi	qia	qie
x																xi	xia	xie
zh	zha	zhe		zhi			zhai	zhei	zhao	zhou	zhan	zhen	zhang	zheng	zhong			
ch	cha	che		chi			chai		chao	chou	chan	chen	chang	cheng	chong			
sh	sha	she		shi			shai	shei	shao	shou	shan	shen	shang	sheng				
r		re		ri					rao	rou	ran	ren	rang	reng	rong			
z	za	ze			zi		zai	zei	zao	zou	zan	zen	zang	zeng	zong			
c	ca	ce			ci		cai		cao	cou	can	cen	cang	ceng	cong			
s	sa	se			si		sai		sao	sou	san	sen	sang	seng	song			